河出文庫

裏切られ信長
不器用すぎた天下人

金子拓

JN072588

河出書房新社

はじめに—— "裏切られ"から見えてくる人間・織田信長

日本の戦国時代（十六世紀頃）は、戦国大名や中小領主たちによる合従連衡・離合集散が、時代を動かすひとつの要因となった。

大名たちは支配領域の維持、あるいはその拡大のために、周辺勢力と婚姻・養子などを媒介にして同盟をむすんだり、あるいは同盟を破棄して（当時の言葉で「手切れ」という）相手を攻めるなど、めまぐるしく関係を変化させていった。

いっぽうで戦国時代は、"下剋上"、つまり臣下の者が主君を討って権力を握ることが、その時代の風潮として顕著に見られるようになる時代でもある。同盟の破棄や下剋上は劇的でもあるから、歴史が動く大きなきっかけとして、わたしたちの印象に強く刻まれることが多い。

この時代を代表する武将のひとり織田信長もまた、このような風潮とは無縁ではなかった。いやむしろ、それにまみれていると言っても過言ではない。

これはたんに信長という存在が目立つからなのか、信長がおなじ時代の戦国大名の

なかで、もっとも勢力を拡大し、京都を含む畿内を制圧して、天下人という立場になったがゆえに、抵抗する敵も多く出現し、同盟破棄や下剋上にまみれているように見えるだけなのか。

ただ、彼の一生が、家臣・惟任（明智）光秀の謀叛（本能寺の変）によって、劇的ななかたちで幕を閉じるということを考えたとき、やはり信長は、この時代の風潮を体現していると考えても許されるのではあるまいか。

本書では、織田信長を中心にすえ、彼との同盟関係を破棄して敵対した戦国大名、また、彼のもとから離叛して敵対した家臣それぞれと信長の関係を見てゆくことで、織田信長というひとりの武将の人物像を考えてみたいと思う。

平たく言えば、信長を裏切った人物と信長の関係を考えるということであり、信長にとってみれば、裏切られた事情を探るということになる。

戦国大名同士の同盟関係の破棄と、家臣の主君に対する叛逆を、ひとまとめに〝裏切り〟という言葉で把握することに問題がないわけではないが、ひとまずこれを〝裏切り〟とまとめ、信長の〝裏切られ〟の様相をひとつひとつ見てゆけば、信長像の一面を明らかにできるのではないか、というのが本書のねらいである。

以下取りあげるのは、述べる順番に、浅井長政・武田信玄・上杉謙信・毛利輝元・

松永久秀・荒木村重・明智光秀の七人である（久秀・村重は二人で一章にまとめた）。信長を裏切った時代順に並べたが、奇しくも、はじめの四人が信長にとってライバルの戦国大名であり、残り三人が信長の家臣である。

なぜ、どのように信長が裏切られたのか、信長は彼らの裏切りにどう対処したのかという点に注目しながら、それぞれの人物と信長の関係について考え、そのなかから浮かんでくる人間・織田信長の姿をつかんでみたい。

本書の性格上、文中に参考文献を示すことはせず、巻末に主要参考文献としてまとめた。学説などについては、名前を出したばあいもあるが、名前を出さずに文献に依拠したばあいもある点お許しいただきたい。

史料は、現代語訳もしくは原文の読み下しにより掲げ、（　）内に典拠を示した。すでに活字史料集に収められているものについては、典拠名につづけて、参照しやすいと思われる史料集の番号を掲げた。

史料集の表示方法は、次に示すとおり略称とした。ただし、東京大学史料編纂所編纂『大日本古文書』収録文書については、たとえば『毛利家文書』〇号のように、典拠名と文書番号のみを掲げた。

信…奥野高広編『増訂織田信長文書の研究』

北…杉山博・下山治久編『戦国遺文後北条氏編』

武…柴辻俊六・黒田基樹編『戦国遺文武田氏編』

上…『上越市史』別編1上杉氏文書集一

明…藤田達生・福島克彦編『明智光秀』

大…東京大学史料編纂所編纂『大日本史料』

瀬…土居聡朋・村井祐樹・山内治朋編『戦国遺文瀬戸内水軍編』

裏切られ信長　不器用すぎた天下人／目次

第四章 **毛利輝元**──境目紛争の末に

第六章 明智光秀──裏切りの総決算

図表作成＊アルファヴィル

第一章

浅井長政

——妹婿の離叛

第1章／略年表

永禄2年（1559）	1月	浅井猿夜叉、元服して新九郎賢政と名乗り、六角氏家臣平井氏より妻を迎える。
	4月	賢政、妻平井氏を離縁する。
永禄3年（1560）	5月	桶狭間の戦い。
	秋頃	斎藤氏、六角氏と同盟を結ぶ。
	10月頃	浅井久政隠居し、賢政が浅井家の家督を継ぐ。
永禄4年（1561）	5月	美濃斎藤義龍病死。嫡男龍興が斎藤家を継ぐ。
	5月頃	賢政、名乗りを備前守長政に改める。
		（この頃、長政、信長妹お市と結婚する）
永禄10年（1567）	9月	信長、美濃稲葉山城を落とし、ここを岐阜と改め居城とする。
永禄11年（1568）	9月	信長、足利義昭に供奉して上洛を開始する。
	同	上洛の途上、六角氏の居城観音寺城を攻め、これを落とす。
永禄12年（1569）	2月	義昭御所造営のため近江から人夫を出す。
永禄13年（1570）	1月	信長、禁裏御所修理などのため諸大名に上洛命令を発す。
	4月	信長、若狭に出陣し武藤友益を降伏させ、さらに越前に攻め入る。
	同	信長帰陣の途中、浅井長政裏切る。
元亀元年（1570）	同	永禄から元亀に改元される。
	6月	姉川の戦い。信長・家康、浅井・朝倉氏の軍勢を破る。
天正元年（1573）	8月	信長、浅井氏の小谷城を攻め、これを落とす。久政・長政父子自害する。

◉戦国大名浅井氏の台頭

本書でとりあげった信長を裏切った武将のうち、織田信長を討つことに成功した明智光秀は除き、信長が危険を感じるところまで肉迫することができたと思われるのは、本章でとりあげる浅井長政ただ一人である。

次章以下に述べる武田信玄・上杉謙信・毛利輝元ら戦国大名たちと信長は、その同盟関係を、婚姻や養子などの縁組（同盟）によって強化しようとした。さらに信長の娘を嫡男の正室として迎えた徳川家康も、ここにくわえることができるだろう。ただ、信長と他大名との婚姻を考えたとき、多くの人の頭には、真っ先に浅井長政の名前が浮かんでくるのではあるまいか。そうだとすれば、長政に嫁した信長の妹お市の方の存在が大きい。

長政と死別したあと、信長の重臣・柴田勝家に再嫁し、その後、勝家と羽柴秀吉の対立のすえ、居城である越前北庄城を攻められ、夫勝家とともに死をえらんだお市の方の波瀾に富んだ人生は、秀吉室・茶々（淀殿）、京極高次室・初（常高院）、徳川秀忠室・江（崇源院）ら、お市の三人の娘たちの存在ともあいまって、戦国時代の歴史のなかに印象深く刻まれている。それゆえにこそ、お市の方を妻とした長政の裏切りも、大きな事件として印象深く伝えられているのだろう。

本章では、浅井氏と織田氏がいかなる事情で縁組をし、なぜ長政が信長を裏切ることになったのかを考えてみたい。

最近、戦国時代の近江および浅井氏の研究者である宮島敬一氏や太田浩司氏らの手で、浅井氏の盛衰をまとめたすぐれた本が刊行されているので、これらに大きく依拠しながら、まずは長政以前の浅井氏が、北近江にいかにして権力を構築していったかというあたりからたどってみることにする。

浅井氏が歴史の表舞台に登場するのは、長政の祖父である亮政の時代であるという。浅井氏の出自はよくわかっていない。宮島氏は、公家三条公綱落胤説・物部守屋後裔説など、これまで説かれてきたいくつかの説を紹介しているが、そのどれもが信頼性に欠けるとする。鎌倉時代に北近江に勢力をもった浅井氏なる一族が確認できるものの、直接つながるかどうかも明らかでないという。ちなみに太田氏は、浅井氏を浅井郡丁野（現在の滋賀県長浜市小谷丁野町）出身と述べている。

戦国時代に、この地にふたたび浅井氏の名前が見られるようになるのは、十六世紀前半の頃であった。近江北部（北近江）の守護・京極氏に属して近江北部に拠点を築き、この地域の郡名（現在の滋賀県長浜市・米原市あたり）である「浅井」を名字とした。宮島氏は、郡名をわざわざ名乗ったことに、その地域の支配者たろうとする自己

主張があったのではないかと論じている。

戦国時代の近江国は、北を京極氏が、南を六角氏という鎌倉時代の名族佐々木氏の流れをくむ一族が守護として勢力をもち、国内において独自に支配を展開する中小の国衆たちが彼らに従っていた。

京極氏の跡継ぎ争いや、京極氏と六角氏との対立など混乱がつづくなか、亮政は京極氏の内部で頭角をあらわし、天文三年（一五三四）には、居城の小谷城に守護・京

浅井長政画像
〈東京大学史料編纂所所蔵模写〉

極高清を迎えた大々的な饗宴を催すなど、北近江における有力者としての立場を鮮明にした。

亮政は天文十一年に没するが、その晩年には京極氏と対立し、六角氏に降ったという。亮政の跡を継いだのは嫡男ではない久政であった。久政は同十三年、小谷城下の徳昌寺において父の三回忌法会を営み、家督を継承した。その後ろ盾となったのは六角定頼である。

しかしその後、京極氏との争いや定頼の死去などもあり、久政は主君を一時、京極氏に乗り換えたとされる。ところがその直後、定頼の跡を継いだ義賢（のちの承禎）が力をつけて京極氏との戦いを終熄させ、久政はふたたび六角氏に従属する。天文二十二年の頃である。浅井氏は六角氏に従うことによって、北近江における京極氏の勢力をしのぎ、地域権力として確立したという。

◉ 浅井長政の登場

六角義賢に従った久政は、嫡男の猿夜叉を元服させるさい、諱の一字をもらい受け、猿夜叉は「新九郎賢政」と名乗った。彼が後の長政である。元服は永禄二年（一五五九）正月、賢政十五歳のときのこと。妻に六角氏の家臣・平井定武の娘を迎えた。名

前・妻いずれも六角氏に従う浅井氏の立場を示している。

ところが浅井家中に、対六角氏強硬策を唱える人びとがおり、賢政元服を機に彼を当主に擁し、六角氏から離れようという動きが顕在化した。平井氏から迎えたばかりの妻を離縁したのは、永禄二年四月のことだという。そして翌三年には久政が隠居して、賢政が家督を継いだ。

さらに同四年に賢政は、義賢から与えられた「賢」の字を放棄し、「長政」と名乗りをあらためた。「備前守賢政」と記した文書の終見が同年四月二十五日付であり、「備前守長政」と署名した初見が六月二十日付の文書であるので、この約二か月のあいだに名乗りを変えたわけである。

六角氏と訣別するため（妻を離縁し）、「賢」の字を捨てたのはわかるが、代わりにえらんだ「長」の字は何に由来するのだろうか。

想像がつくと思われるが、宮島氏・太田氏ともにこれを信長の「長」字をもらい受けたのだとする。この説は、大正年間に刊行された『東浅井郡志』以来の説だという。

しかし、わたしは疑問をおぼえる。

宮島氏は、中世史研究者である佐藤進一氏の花押をめぐる研究を参考に、長政・信長の花押に注目した。長政は「長」字を右に倒した形、信長は「信長」の二字を草書

体で左横書きし裏返した形であり、いずれも「実名を倒したり裏返したり」して作られた花押であること、戦国時代には親子などに花押の「襲用」（同じ花押を受け継ぐ）が見られることなどから、信長とむすんだことを契機に、長政が名前と花押を変えたとする佐藤氏の説に賛同している。

信長は花押を頻繁に変えていることでも知られる。『信長』の二字を草書体で左横書きし裏返した形」の花押は、天文二十一年（一五五二）頃に用いていた。

ただ、賢政が長政と名乗りを変えた永禄四年頃に用いていたのは、これとはまったく異なる形の花押なのである。信長が約十年前に捨てた花押の作り方をこの時点で真似るということがあるのだろうか。

◉ 妹・お市と長政の婚儀

太田氏は花押とは別に、信長妹お市と賢政の婚儀が成立したことにより、名を「長政」とあらためた、つまり婚儀と改名は連動しているとする。

お市が長政と婚儀をむすんだ時期については、多くの説が出されており、いまだ定説を見ていない。宮島氏は、永禄二年から同十一年までにわたる、七つの説を紹介・検討したうえで、永禄二年六月以降、遅くとも同六年を下らない早い時期と結論づけ

た。

いっぽうで太田氏もまた同様に検討をおこない、『東浅井郡志』が唱える永禄四年五月頃という説を支持している。

宮島氏は、妻平井氏の離縁・六角氏への訣別、長政への改名・お市との婚儀による信長との連携は一連のものであるとみなす。太田氏も、長政改名とお市との婚儀・信長との同盟が一連のものとする。

お市と長政の婚儀が、信長との同盟を意味することは間違いない。それが両氏の指摘する永禄四年頃になされた（六角氏への訣別と表裏の関係にある）という点も説得力がある。ただ、長政の「長」が信長の一字をもらい受けたという点のみ、納得ができないでいる。

猿夜叉が元服して「賢政」と名乗ったのは、浅井氏が六角氏に従属していたからである。一般的に、名乗りのうち一字（偏諱）をもらうというのは、主従関係にある同士で成立する儀礼行為であった。信長と長政（浅井氏）が、六角義賢と賢政（浅井氏）のような上下関係にあったとは、とうてい思えないのである。

そもそも信長と長政、なぜ両者は婚姻によって同盟関係をむすんだのだろうか。永禄四年頃といえば、信長は前年に桶狭間の戦いにおいて今川義元を討ち、尾張に

対する今川氏の脅威を除くことに成功した直後であった。いっぽう、その年の五月、信長の舅・斎藤道三を殺害して斎藤家の当主となっていた義龍が病死し、十三歳の嫡男・龍興が跡を継いでいる。義龍の家督継承後、美濃の斎藤氏と信長は敵対関係にあった。

斎藤氏は永禄三年秋頃に、浅井氏と敵対する六角氏と同盟をむすんだという。浅井氏・織田氏はそれぞれ斎藤・六角同盟を敵としていたのである。敵の敵は味方ということになる。

両者の同盟は、別に〝遠交近攻〞と呼ばれる外交政策でもあった。信長は美濃の西に接する浅井氏と同盟をむすぶことにより、自分たちが攻撃を仕掛けるさいには、つねに背後を警戒させることになる。

長政は信長の妹を妻に迎えることにより、六角氏との争いに織田氏の協力を得られる可能性をつかんだ。双方に利がある同盟であった。

そのような経緯でむすばれた同盟に、偏諱を与え・与えられるという関係は、そぐわないように思える。太田氏は、お市の嫁入りというかたちで同盟がむすばれたことについて、「信長側の圧倒的な不利な条件」「信長側の必要性から同盟は成立した」とも書いており、そうなるとますます長政が信長の名前をもらい受けるという関係と、

同盟締結の動機に矛盾が生じるような気がする。

では「長」は何に由来するのか、ということになるが、これは元服して賢政を名乗ったときのように誰かの一字をもらい受けるといったことではなく、主体的にえらんだのがたまたまその字だった、と考えるほかないのではないか。納得してもらえるとは思えないけれども。

いま述べてきた両者の同盟締結の経緯をまとめてみよう。永禄二年に浅井賢政は、六角氏重臣の家から入っていた妻を離縁し、名も「長政」とあらため六角氏との訣別を示した。その後の同四年頃、長政は対六角氏の必要上、信長は対斎藤氏の必要上、お互いに同盟をむすぶことになり、その証しとして信長妹の市が長政のもとに嫁入りした。

◉ 信長と長政の同盟関係

次に、同盟締結後の両者の関係を見てゆくことにする。

信長は永禄十年八月から九月にかけて、斎藤氏の居城である美濃の稲葉山城を攻め、これを落とし、美濃を支配下においた。その後、本拠を小牧山城から稲葉山城に移し、ここを「岐阜」とあらためる。この直後から「天下布武」の文字を刻した印判状を用

いるようになった。

　稲葉山城攻略以前より、すでに越前にあった足利義昭から上洛に協力するよう要請があり、信長もこれに前向きな姿勢を見せていたが、実現したのは同十一年九月のことである。

　上洛の直前、義昭と信長は近江の六角承禎に対して協力を要請した。実現すれば「天下の所司代」（京都の守護職）に任じるという条件で誘ったものの、承禎はこれを拒否した。

　美濃より上洛するためには、近江は押さえておかなければならない要地である。信長は上洛の大軍をもって、承禎の居城・観音寺城を攻めたところ、承禎たちは城を捨てて逃亡したという。観音寺城を手に入れたのは九月十三日だと、信長の家臣・太田牛一が著した『信長記』（巻一）にある。

　その後、信長たちが入京したのは九月末のこと。北近江の領主である長政もこの作戦に協力したと思われるが、『信長記』には登場しない。『信長記』をもとに江戸時代の初め頃に小瀬甫庵が潤色をくわえて著述した『甫庵信長記』には、こんな話が書かれてある。

　近江に入った信長は、六角氏の観音寺城攻めにあたり、近くの箕作城を攻めようと

した。それに対し、家臣の坂井政尚は、箕作城は観音寺城からさほど離れておらず、六角氏が攻撃してくるかもしれないとして、両城の中間地帯をまず掌握することを進言した。

信長はこれを受け、長政の自国でもあるので彼にその作戦を委ねようと考え、家臣の佐々成政と福富秀勝を使者として、長政に要請した。長政は家老たちを集め評定したがまとまらず、返事を渋っている様子であった。その様子を察した使者・成政らは、

「彼らは出陣しないだろう」と判断して、信長にそう報告した。

信長はこれを不快に感じるかと思いきや、「今度浅井とはじめての御見参、殊に君臣の睦もいまだ初々しき事なれば」と笑い、自軍でこの作戦をおこなうことにして、浅井氏には箕作城攻めをあらためて要請し、ふたたび成政らを派遣した。そのとき信長は「彼大ぬる者の浅井が所存にては、両条いずれもやは請候べし」と口にして、家臣たちに軍議をうながしたという。

「大ぬる者」は「大いにぬるい者」の意味だろうか。「ぬるい」には、「のろい」「機敏でない」「冷淡だ」「軟弱だ。頼りない」という語釈があるが《『日本国語大辞典第二版』》、このばあいは最後の「軟弱だ。頼りない」が該当するかもしれない。「たいそう軟弱な浅井氏の態度で」「やは」は反語・疑問の意味をもつ係助詞である。

は、このふたつの提案（信長が両城の中間地帯を押さえ、浅井氏が箕作城を攻めること）を受けるだろうか、いや受けないだろう」となるだろうか。　信長は浅井氏をあてにせず、だから部下に軍議を開く命を出したのだ。

『信長記』に見えないこの話を甫庵がいずれから得たのか、彼の創作なのか、それとも事実なのかは定かではない。　宮島氏は、この挿話を両者の対立の伏線と指摘するが、たしかにのちに長政が離叛する伏線として、信長の要請に簡単に従わない浅井家中の様子を表現したのかもしれない。

気になるのは、この時点で信長が長政との関係を「君臣の睦」と認識していたのかどうかである。そうだとするなら「長」字も信長の一字とすべきかもしれないが、やはり後の結果からこの話が作られたように思えるのである。

ただ、同盟をむすんでいた浅井氏と織田氏が実際に協力する場面としては、この上洛時が最初であることは間違いないようだ。　織田氏の軍勢が京都周辺で軍事行動をおこなっている様子を公家・山科言継が日記『言継卿記』に記録している。そこに「江州北郡衆・髙嶋衆八千ばかり」が京都の神楽岡に陣取ったとある。「江州北郡衆」が浅井氏の軍勢だろうと考えられている。

長政が信長に叛旗を翻すのはこの一年半後、永禄十三年（元亀元年）四月のことだ

が、この間の浅井氏と織田氏の関係を示す史料はほとんどない。同十二年二月に着工された義昭の御所造営に動員された諸国のなかに近江が見えることから（『言継卿記』巻二）、宮島氏は、長政もこの工事に動員されたとしている。

◉ 長政、義兄を裏切る

いま述べたように、長政は永禄十三年（元亀元年）四月に信長を裏切った。その経緯を見てゆこう。

この年の四月二十日、信長は三万の軍勢を率いて京都から近江坂本に下った。若狭に出陣するためだという（『言継卿記』）。実際、のち七月に毛利元就に送った書状のなかで信長は、「若狭の国端にいる武藤と申す者が悪逆を企てているので、これを成敗しなさいという義昭の命令が下り、四月二十日に出馬しました」と書いている（『毛利家文書』信二四五号）。

武藤とは、若狭の守護・武田氏の重臣である武藤友益のことである。戦国史研究者の功刀俊宏氏によれば、戦国時代の若狭武田氏は一族対立をくりかえし、隣国越前の大名・朝倉氏の介入をまねいた結果、家中は朝倉氏に近い者と、義昭に近づいた一族・武田信方を支える者に分裂していたという。友益は朝倉氏に近い立場の人間であ

元亀元年の信長若狭・越前攻め関係地図

〈谷口克広『戦争の日本史13 信長の天下布武への道』吉川弘文館・86
頁所載地図に手を加えた。矢印は信長の進軍経路、数字は発着の日付〉

り、義昭の意に従わなかったために、成敗の命令が下されたのである。

若狭に入った信長に対し、友益はほどなく降伏した。これを受け信長は、越前に攻め入ることを決めた。先の元就宛書状によれば「武藤は一向に背いたわけではなかったのですが、越前（朝倉氏）が介入しているという（原文は「越前より筋労を加え候」）遺恨が大きかったので、そこから直接、越前敦賀郡に侵入しました」とある。

このときの信長の出陣は、義昭の上洛以後従おうとしない朝倉義景に対し攻撃を仕掛けようとした、つまり若狭攻めは、越前攻めの口実であるという考え方が一般的である。しかし功刀氏は、もともとの目的は義昭の命を受けた若狭・武藤氏攻めであると指摘する。武藤氏攻めが労せずに終わったため、余力をもって越前に攻め入った。

そう考えたほうがいいだろう。

このときの越前攻めでは、敦賀郡の手（て）（天）筒山（つづやま）城は力攻めで落とし、金ケ崎（かね）（さき）城は城主の朝倉景恒（かげつね）が降伏し、開城している（『毛利家文書』『信長記』巻三）。四月二十五日のことである。

『信長記』には、このあと信長は木の芽峠を越えて、敦賀郡から国府（こくふ）（府中）の所在する丹生（にゅう）郡に乱入しようとしたとある。そこに、長政裏切りの報が飛びこんできた。

しかし、先の元就宛書状では、「すぐに国中（敦賀郡以東ということか）に兵を動か

そうとも思いましたが、備前・播磨に出勢するという内々の約束もありましたので、ちょうどよい区切りでもあり、金ケ崎城には番兵を入れて、ひとまず帰洛いたしました」とある。そして、その帰洛途中に長政の裏切りを知ったと書いている。

一般的な考え方に従えば、信長の書状を信じるべきであろうが、毛利氏との軍事協力のため帰洛したという説明をわざわざくわえている点、真相が怪しくなってくる。

このとき信長は、木の芽峠を越えての本格的な朝倉氏攻めを考えていたのか、書状にあるとおり敦賀郡への出兵のみで帰洛しようとしたのか、出兵目的とも絡んでくるので、慎重な検討が必要だろう。

さて、長政裏切りを信長が知った場面である。

『信長記』には、長政裏切るとの注進を受けた信長は、「浅井は歴然の御縁者たるの上、あまつさえ江北一円に仰せ付けらるるのあいだ、不足これあるべからずの条、虚説たるべしと思し召」したが、方々よりこれは事実であるという報告がなされ、「是非に及ばず」として、金ケ崎城には木下秀吉を置き、四月晦日に琵琶湖の西側近江朽木へと越える経路で京都へ帰ったという。いわゆる「金ケ崎の退口」と呼ばれる退却戦である。

信長は、浅井氏は歴然たる縁者であるうえ、北近江の支配を委ねているので不足が

『信長公記・巻三』長政裏切りの場面〈建勲神社（京都市）所蔵〉

あるはずがなく、嘘だと思った。最初は耳を疑い、信じようとしなかったのである。

裏切りに遭ったとき、初めは信じなかったというのは、のちに述べる松永久秀や荒木村重のばあいと共通している。光秀謀叛を知ったときに信長が発したとされる「是非に及ばず」のことばを、太田牛一はここでも用いている（上図版▼の行）。

辞書を引くと、このことばは「よしあし、やりかたなどを、あれこれ議論する必要はない」「どうしようもない」「しかたがない」「やむを得ない」といった意味だが（『日本国語大辞典第二版』）、このばあいはど

う考えればよいだろう。とにかくいまは考えている余裕などない、即時に戻ろうとい
う意味での「是非に及ばず」だったのではあるまいか。

先の元就宛書状では、帰洛途中に長政が「別心易色」（べっしんえきしょく）（色を易（か）
える）とは、反乱するという意味を示す「色を露わす（あらわす）」と同意だろう。あくまで、馬
の鼻を京都に向けていたときに長政の裏切りに遭った、という主張は崩さない。

公家・中院通勝（なかのいんみちかつ）の日記『継芥記』（けいかいき）には、前夜（四月晦日の夜）、信長は十人ばかりを
連れて越前から上洛してきたとある。引き連れていた三万に及ぶ大軍から離れ、わず
かな供回（ともまわ）りだけで京都に戻ってきたのである。

通勝は、信長帰洛の理由を「江州無道ゆえ」と書く。「無道」（むどう）は道理に背く（そむ）という
意味である。「江州」とはこのばあい長政を指すと思われるから、京都の通勝の耳に
入った情報も、長政の裏切りという内容だった。

なお余談めいた話になるが、江戸時代の比較的早い時期に成立したとされる徳川創
業史のひとつ『松平記』（まつだいらき）や、三河譜代の家臣・大久保忠教（ただたか）が著した『三河物語』には、
信長はこのとき、一緒に出陣していた徳川家康に知らせず、彼らを置き去りにして退
却したと書かれている。もしこれが本当だとすれば、同盟相手の家康に対してひどい
仕打ちである。

◉裏切りの動機をめぐる諸説

なぜ浅井長政は、信長を裏切ったのだろうか。

従来は、信長が朝倉氏を攻撃したことに対して、朝倉氏とむすんでいた長政がこれを助けるため信長を裏切ったと考えられていたが、近年は別の説が出されている。宮島氏は、もともと朝倉氏と浅井氏が強い同盟関係にあったわけではないことを指摘して、朝倉氏援護説を採らず、裏切りの理由を考えるためには、長政と信長の関係に注目すべきだとする。

それでは、この両者はどのような関係にあったのだろうか。まずは裏切られた信長が長政のことをどう見ていたのかを、史料によって確認しておきたい。

先ほどから再三触れている元就宛書状には、「彼らの儀、近年別して家来せしむの条、深長に隔心なく候き」とある。彼らは近年とくに家来として従っており、深い関係で疎遠ではありませんでした、というのだ。別の箇所では、長政は元来小身であ
る（さほど所領は多くない）ので、成敗するのは簡単だとも言っている。

信長研究の第一人者谷口克広氏は、先に引用した『信長記』にある「不足これあるべからず」のくだりについて、「はなはだしく浅井氏を軽んじた、傲岸不遜な物言い」と評している。それからすれば、この書状の「家来せしむ」「元来小身で成敗は

たやすい」という表現は、それに輪をかけて傲慢な言い方であろう。

　もっとも『信長記』は、厳密に言えば牛一による表現である。いっぽうの元就宛書状も、長政の裏切りを知ったあと、京都に戻って態勢を立て直してから書かれたもの、つまり、やや落ち着いてから書いているので、信長が長政をそうとらえていたかどうかはわからない。おなじような同盟相手であり、姻戚関係にある家康と比較してみよう。

　長政が信長を裏切る数か月前の永禄十三年正月、信長は、禁裏御所の修理や室町幕府の御用のため、畿内およびその周辺の諸大名に対して上洛命令を発した。命令を受けた諸大名の名前が、奈良の僧侶の日記（『二条宴乗日記』）に記されている。筆頭にある伊勢・北畠氏の次に、徳川三河守、つまり家康の名が挙げられている。

　いっぽうの浅井氏は、「京極殿」の下に割書で「同浅井備前（長政）」として書かれている。ほかに記された名前の下にある同様の割書（細字）は、上に書かれた人物に従う立場の者を書いているので、この命令を受けた北近江の領主は、あくまで浅井氏の旧主にあたる京極氏（当主は高吉）であり、長政はその配下にすぎないという認識なのである。

　それを考えれば、この時点における織田・浅井の関係は織田・徳川の関係とは異な

り、浅井氏が格下の不均衡な関係であったと言えるのかもしれない。これが「家来」のような表現に反映されていることになる。

もっとも、こうした不均衡な関係が同盟締結の当初よりそうだったのか、つまり、やはり「長」字は信長からもらい受けたものだったのか、ということについては慎重に考える必要があるだろう。

実際に宮島氏も、信長・長政が主従関係にあったとしても、当初からではなかったとして、上洛後に信長の政治理念の変化・発展があり、それに長政がついてゆけなかったのが裏切りの理由ではなかったか、と指摘している。

「天下静謐」をめざす信長の政権構想についてゆけず、絶え間ない軍事動員に疲弊し（この点は、信長研究者の桐野作人氏が疑義を呈してゆける）、支配の論理にも相違があった（信長は主従関係にもとづく人との関係、長政は本来的に対等な関係にもとづく一揆の論理）。このための離叛であったという。

いっぽう太田氏は、「このまま信長との同盟を続ければ、その家臣団の一部に包摂され、一大名としての独立性を失うと判断した」ためではないかとする。わたしの結論も、この太田氏の指摘に落ち着く。

信長は長政をどう見ていたか

信長は同盟相手の長政に対し、公的な立場（先の上洛命令の宛先の表現）などの点で格下とみなすようになった。

しかも、若狭攻めにつづいての越前攻めにより、これらの地域が信長の支配下になれば、浅井氏の支配領域である北近江がほとんど信長のそれに取り囲まれてしまうことになる。そうした状況への危機感が、長政をして義兄に対する裏切りを決断させたのではないだろうか。

むろん時機として、信長が帰洛に向けて（信長の発言を信じれば）動き出したその心の隙に乗じた、いわば油断しているところを襲うという確固たる勝算があったのかもしれない。信長としては、妹婿である長政に北近江を「与えている」のだから、それで十分満足しているはずだという、長政に対する過信があり、それが油断につながったのである。

裏切り直後の具体的な動きとしては、南近江における六角氏の動向が注目される。京都の山科言継の耳には、長政裏切りから間もない四月二十九日に、六角氏が近江に攻めこんでおり、これは（近江）北郡の浅井氏と申し合わせての軍事行動であるという噂が届いていた（『言継卿記』）。

長政裏切りを知って六角氏も蜂起した

のかはわからないものの、信長権力に包摂されかかっていた近江を六角氏と協力して

取り戻す、そうした考え方も、あるいは長政の頭のなかにあったのかもしれない。

裏切り後の長政の身の処し方として、信長に敵対していた朝倉氏との連携も視野に

入っていただろう。その後、浅井氏・朝倉氏は連携して信長に敵対し、二か月後の元

亀元年六月には近江姉川河原において織田・徳川連合軍と衝突した。いわゆる姉川の

戦いである。

長政らは、この戦いにおいて大敗を喫したのちも三年あまり持ちこたえ、天正元年

八月に討たれるのである。

裏切った長政に対する信長の憎悪はすさまじく、長政の十歳になる嫡男（万福丸）

は捕らえられ、関ヶ原において処刑された《信長記》巻六。その後、薄濃（漆や金銀泥などで塗

久政・長政父子および朝倉義景の首（頭蓋骨）はその後、薄濃（漆や金銀泥などで塗

り固められること）にされ、翌年、天正二年の年頭に岐阜城において催された宴にお

いて、近侍する馬廻衆らに対し酒の肴として見せしめにされている《信長記》巻七。

朝倉・浅井攻めが一段落したあと、信長は九月七日付で毛利輝元・小早川隆景に出

した書状のなかで、「近年は彼ら（久政・長政父子）のしわざで信玄や朝倉義景が敵対

し、将軍義昭の造反もこれゆえでしたので、ひとかたならず深い遺恨を持っていました」と書いている（『乃美文書正写』信四〇一号）。

信長が述べるようなはっきりした因果関係があるかどうかは疑問だが、たしかに時間的な順序でいえば、もっとも早く信長を裏切ったのは長政なので（義景はもともと信長に従ってはいなかった）、すべてのはじまりは長政の裏切りにある、と信長が言いたくなるのもわからなくはない。

信長の認識のとおり、長政の裏切りによって、彼の〝裏切られ人生〟は幕が切って落とされたのである。

第二章 武田信玄——気づかなかった裏切り

第2章／略年表

永禄元年（1558）	11月頃	信長、武田氏家臣秋山虎繁に大鷹の調達を依頼する。
永禄3年（1560）	5月	桶狭間の戦い。
永禄8年（1565）頃		信長、妹の子遠山氏を養女とし、諏方勝頼に嫁がせる。
永禄11年（1568）頃		信長嫡男信忠と信玄女松姫の縁組が成立する。
	7月	信長、上洛にあたり信玄女との同盟関係を確認し、信玄と上杉謙信の和睦を働きかける。
	9月	信長、足利義昭に供奉して上洛する。
	12月	武田信玄、今川氏領国に侵入する。
永禄12年（1569）	1月	信玄、徳川家康、今川氏領国に侵入する。
	1月	信玄、遠江攻めに関する家康からの抗議に返事をする。
	2月頃	信玄と家康、起請文を交わす。
	3月	信玄、謙信との和睦を受諾する。
	5月	信玄、信長を頼みにしているという心境を家臣市川十郎右衛門尉に伝える。
		家康と今川氏真和睦し、氏真遠江掛川城から退く。
		信玄、信長家臣武井夕庵らに家康の行動を非難する書状を出す。
永禄13年（1570）	4月	永禄から元亀に改元される。
元亀元年（1570）	6月	姉川の戦い。信長・家康、浅井・朝倉氏の軍勢を破る。
	10月	家康、信玄と断交し謙信と結ぶ。
元亀2年（1571）	8月	信玄、信長と大坂本願寺との和睦を取り持つ。

年	月	事項
元亀3年（1572）	12月	北条氏政、信玄との同盟を復活させる。
	1月	信玄、武井夕庵に対し北条氏との同盟締結を報告し、信長との同盟維持を伝える。
	閏1月	信忠と信玄息女松姫の縁談を実現させようとする動きあり。
	10月	信長、信玄の関東出兵取りやめ受諾に礼を述べる。
	11月	信玄、信長を裏切り遠江に出陣する。
	12月	信長、謙信に対し、信玄を非難し、協力して武田氏攻めを行うことを申し入れる。三方原の戦い。武田軍、徳川・織田軍を破る。
元亀4年（1573）	4月	信玄病没する。

◉ 武田信玄と信長の同盟

武田信玄と上杉謙信というふたりの戦国大名については、織田信長と対決した好敵手として語られることが一般的である。しかしながら、もともと信玄と信長、謙信と信長は強い同盟関係でむすばれており、それぞれ個別の事情で信長と袂を分かつに至った、という経緯がある。本章と次章では、信玄・謙信の両者が信長を裏切るに至った理由について、信長との同盟時代からの経緯を見てゆきながら考えてみたい。

まず、武田信玄である。

信玄、またその跡を継いだ勝頼ら武田氏と信長の関係については、いま述べたとおり、双方が激突した長篠の戦いや、最終的に信長が武田氏を滅ぼすこともあり、一貫して敵対しているという印象が強いのではないだろうか（わたしも、かつてはそうだった）。のちに激しく衝突する印象の強さが、それ以前の同盟関係の存在を見えなくしてしまっているようである。

信玄と信長の通交が史料上に見られるようになるのは、永禄年間の初年頃である。

信濃下伊那郡（現在の長野県南部）の支配を任された武田氏重臣・秋山虎繁に対し、信長が大鷹の調達を依頼した十一月二十三日付の書状が残っている（『新見文書』信補遺三号）。

武田信玄画像〈東京大学史料編纂所所蔵模写〉

武田・織田・遠山三氏関係系図

この書状は永禄元年（一五五八）と推定されており、有名な桶狭間の戦いは同三年のことだから、信長が今川義元の大軍を撃破する以前から、両者に何らかの友好的な関係があったことがわかる。

秋山虎繁は、武田氏において美濃・三河・尾張方面の軍事・外交を担当した人物とされており、対信長の外交窓口であった。

少しあとのことになるが、武田氏の立場から後世に書かれた兵書『甲陽軍鑑』には、信長の嫡子・信忠と信玄の娘・松姫とのあいだに縁談が成立したとき、武田氏から岐阜の信長のもとに派遣されたのが虎繁であったと書かれている。このとき虎繁は歓待され、長良川での鵜飼のもてなしを受けたという。

右の信忠・松姫の縁組に先がけ、もうひとつの縁組もなされている。信長の養女と勝頼の縁組である。

美濃の岩村城主・遠山氏に嫁いでいた信長妹と遠山直廉（なおかど）とのあいだに産まれた女子を信長の養女とし、永禄八年頃、勝頼に嫁がせたという（ただし、この頃の勝頼はまだ諏方（すわ）を名乗り、武田家を継ぐ立場にはなかった）。これをもって織田・武田の同盟がむすばれたと指摘されている。

彼女は、同十年に勝頼とのあいだに男子を産む（のちの信勝（のぶかつ））が、元亀二年（げんき）（一五七一）に病没した。

念のためつけくわえておけば、信忠と松姫の縁談は、輿入れ（こしい）という最終段階にまでなかなか到達しないまま（つまり婚約という状態のまま）時間が過ぎ、元亀三年の初頭に至ってようやく、それを具体化させようという動きが見られることが指摘されている（『土御門文書』（つちみかど））。

後述するが、信玄と信長の関係が決裂に至るのは、同年十月である。縁組が実現しなかった理由は明らかにしがたいが、この年の初頭まで、婚姻による同盟関係強化の動きが、両者のあいだにたしかにあったのである。

強化される同盟関係

信玄と信長の関係が強化された様子がわかるのは、永禄十一年に信長が足利義昭に

供奉して上洛するにあたっての時期である。

義昭を美濃に迎えた直後の七月二十九日に、信長が謙信に宛てた書状のなかで、

「甲州とこの方あいだの事、公方様御入洛供奉申すの条、隣国その妨げを除

き、一和の儀申し合わせ候。それ以来は駿・遠両国の間、自他契約の子細に候」と書

いている（『志賀槇太郎氏所蔵文書』信九一二号）。信長は、自身が義昭に従い上洛するに

あたって信玄と和睦し、駿河・遠江両国についてお互い何らかの約束を交わしたとい

うのである。

この後段については、少々説明が必要だろう。天文年間（一五五〇年代）以来、東

国では甲・相・駿の三国同盟がむすばれていた。甲相駿とは、甲斐（武田氏）・相模

（北条氏）・駿河（今川氏）のことである。

三大名は互いに濃密な姻戚関係をむすんで、同盟関係にあった。信玄はこの同盟を

背景に、関東や信濃をうかがう謙信と衝突をくりかえしたのである。

ところが、この三国同盟にほころびが見えはじめる。きっかけは信玄と、彼の嫡

子・武田義信との対立であった。今川義元の娘を正室に迎え今川氏に近い義信と、義

北条・今川・武田三氏関係系図
〈『山梨県史』通史編２所収系図に手を加えた〉

元亡きあと氏真が継いだ今川氏領国をう
かがおうとする信玄とのあいだに亀裂が
生じたのである。この結果、義信が永禄
十年に自害を余儀なくされ、義信後室
（未亡人）は実家の今川家に帰される。

これによって、今川氏と武田氏との関係
が悪化した。

そこで義信後室の兄氏真は、信玄と対
抗するため、謙信との同盟を模索する。
それを知った信玄が、今川氏との同盟を
破棄し、駿河に侵入した。永禄十一年十
二月上旬のことであった。

これについて信玄は、同盟相手であっ
た北条氏に「駿河（今川氏）と越（上杉
氏）が申し合わせ、信玄滅亡を企んだた
めに今川氏と手切れ（同盟破棄）したの

だ」と申し送ったという（『春日俊雄氏所蔵文書』北一一二七号・『上杉家文書』五二九号）。

信玄の駿河侵攻と軌を一にして、三河からも徳川家康が、今川氏領国の遠江に侵入した。十二月二十三日付で信玄から家康に対し、「手合わせ（軍事協力）のため急速にご出張」してくれたことを感謝する書状が出されている（『恵林寺所蔵文書』武一三四三号）。このとき信玄と家康のあいだには、大井川を境にして遠江を東西に折半するという約束があったとされる。

これは、十七世紀後半に成立した編纂物『家忠日記増補』によるようであり、真相は不明である。もっとも、先の謙信宛の信長書状に見える「駿・遠両国の間、自他契約の子細」がこのことと関係するのかもしれず、いずれにしても家康の背後で当然、信長も関知していたと考えられよう。

◉ 信玄と徳川家康の関係

今川氏領国に対する武田氏・徳川氏の両面作戦は、ひとまず達成された。しかし、先にこのなかに、のちの対立につながる原因が兆していることは見逃せない。先にも登場した秋山虎繁ら武田方の信濃下伊那衆が突出した行動に出たことにより、「武

田氏が遠江を奪おうとしているのではないか」と家康が疑いを抱き、信玄に抗議しているのである。

信玄が家康に対し弁明の返事を出したのは、翌永禄十二年正月八日である（『松雲公採集遺編類纂』武一三五〇号）。信玄は家康の抗議を受け、彼を刺激しないよう、きわめて慎重に対処している。

翌日の九日には、「三河衆（徳川氏）が、出勢に対しどのように考えているのかと当方に疑心を持っているようなので、遠慮して（私は）駿府に滞在したままです」と、わざわざ信長に対しても弁明している（『古典籍展観大入札会目録文書』武一三五一号）。信玄は家康との関係悪化を避けるべく、信長を頼りにしているのである。

信玄と家康との関係がぎくしゃくしたことで、より大きな危機意識をおぼえたのは信玄だったようだ。家康とのあいだで（おそらく友好関係を確認するための）起請文を交わしているのだが、これを望んだのは信玄のほうなのである（『武徳編年集成』武一三六七号・『田島家文書』武一三六八号、起請文自体は確認されていない）。

というのも、三国同盟を一方的に破って今川氏領国に侵入した信玄に対し、北条氏が今川氏を援護するため兵を駿河の薩埵山に出してきたからである。

背後に北条氏の脅威を抱えた信玄は、家康と起請文を交わすいっぽうで、長年の敵

であった謙信との和睦にも動いた。

先に触れた（永禄十一年）七月二十九日付の謙信宛書状のなかで、信長はすでに信玄・謙信の講和を働きかけているが、上洛後に将軍に補任された義昭からも、和睦をうながす御内書（将軍が出す書状）が信玄・謙信双方に発給され、信玄はこれを受諾している。信長に対し和睦を受諾する返答をしたのは、永禄十二年三月十日のことである（『妙興寺文書』武一三七六号）。

すこし先回りすることになるが、三年後の元亀三年十月に、信玄が信長・家康を裏切って遠江に侵入したさい、信玄は「三ヶ年の鬱憤を散じたい」と述べている（『武市通弘氏所蔵文書』武一九七六号）。すでにこの時点で、信玄は三年にもわたり「鬱憤」を抱えていたというのである。

「三ヶ年」の起点については、そのまま引き算をして信玄と家康が駿河・遠江に侵入した永禄十二年とする説のほか、翌年の永禄十三年（元亀元年）とする説もある。後者の説は、家康が信玄と断交し、謙信との同盟を成立させた時点が元亀元年十月であるため、その年を一年目として三年、すなわち足かけ三年と見るものであり、きっかけとしては決定的に思える。

しかしわたしは永禄十二年として、その「鬱憤」の原因とは、北条氏から攻められ

たうえに、家康との両面作戦にほころびが生じて先方に疑念を抱かせたあげく、自ら乞うて起請文を交わすことを余儀なくされ、敵であった謙信とも和睦せざるをえなくなった屈辱が、それなのではないかと考えている。

● 信長を頼みにした信玄

さて信長は、先に述べたとおり義昭とともに信玄・謙信の和睦推進に一貫して取り組んでいる。そのような信長に、信玄は強い信頼を寄せていた。岐阜への使者を務めるなど織田氏との外交担当のひとりであった家臣の市川十郎右衛門尉に宛て、（永禄十二年）三月二十三日付で出した書状（『武家事紀』武一三七九号）が興味深い。

このなかで信玄は、「信玄の事は、只今信長を憑むのほか、又味方なく候」と述べ、いま信長に疎略にされたら自身の滅亡は疑いないので、そのつもりで慎重に対処するように、と命じている。外交を担う家臣宛であるので、お世辞を並べる必要はない。心の底からそう思っていたのだろう。

いっぽうで、信玄は家康に対してはじゅうぶんに信を置いていない様子である。この市川宛の書状からもわかる。

「いま家康は、もっぱら信長の意向を受けている人物である。今川氏没落後、遠江は

ほぼ家康が手中にしており、それに異論はないのだけれど、今川氏真と家康に和睦の動きがあるようで不審だ。この点、信長の考えを知りたい」と書いている。

それから翌四月にかけ、信玄は家康に対して、北条氏とのいくさの様子や、謙信との和睦が信長の媒介で落着したことを知らせたり（『山県徹氏所蔵文書』武一三八九号）、家康が信長に伴って上洛したことを慰労したりするなど（『白崎良弥氏所蔵文書』武一三九八号）、表面上は友好的関係を維持しているように見える。しかし、家康に対する疑念はどうにも払拭されなかった。

五月二十三日付で信玄は、信長の右筆・側近である武井夕庵と津田国千世に宛て、家康の行動を非難する書状を出した（『神田孝平氏旧蔵文書』武一四一〇号）。

それによれば、北条氏と徳川氏が会し、和睦と称して掛川城に籠城していた氏真以下今川氏の兵たちを無事、駿河方面に撤兵させたことについて、「存外の次第」と怒り、「氏真や氏康父子と和睦をしないということは、家康の起請文にはっきり書いてある。これについて信長はどうお考えなのか」と問いただしている。そのうえで、せめて家康が氏真や北条氏康に敵対するよう、信長から家康に急ぎつながしてほしいと強く要請している。

実際、家康と氏真の和睦の議は進んでいた。『松平記』によれば、三月八日に講和

の使者が家康から掛川の氏真に派遣され、その結果、氏真は掛川城を開城して、五月十七日には駿河の蒲原まで退いたのである（『色色証文』北一二二二号）。

信玄と信長とのあいだには同盟がむすばれ、信長は信玄のため、謙信との和睦に奔走していた。ところが、これまた信長と同盟をむすび、今川氏領国を攻撃するさいも協調したはずの家康と信玄の関係がうまくゆかなかった。とりわけ信玄が、家康に強い不信感を抱いた。この信長・家康・信玄のねじれた関係が一因となり、結局、信玄の裏切りをまねくことになるのである。

🏵 家康と上杉謙信の同盟

永禄十二年五月頃に関係がこじれかけてから約三年後の裏切りまで、まだ時間がある。この間の動きを見てゆくことにしよう。

同年の信玄・謙信の和睦以来、信玄はすこぶる自重していた。当時、北条氏が支配していた上野沼田へ謙信が出兵した。これは、三国同盟が破綻したのち、北条氏と上杉氏とのあいだにむすばれた同盟（越相同盟）を背景にした、武田氏への牽制である。上杉軍が自領へも侵入してくることを懸念した家臣たちが、信玄に諸城の警固をきびしくするよう意見したことに対し、信玄は、義昭の下知により信長が和睦を仲介し

てくれたのでと、上杉軍を刺激するような行動は控えた（『武家事紀』武一四八一号・『信玄公宝物館所蔵文書』武一四六号）。これは、同年十二月のことである。

翌元亀元年（永禄十三年）になると、第一章で述べた浅井長政の裏切りから、姉川の戦い（六月二十八日）での信長の勝利に至る過程において、信玄は、信長に長政謀叛を心配するとともに巣鶴（小形の鷹である鶴のひな）を贈ったり（『牧田茂兵衛氏所蔵文書』武一五四七号）、姉川の戦いの戦勝を祝する書状を出したりしている（『徳川美術館所蔵文書』武一五五〇号）。

また、その翌年の元亀二年には、今度は信玄のほうが大坂本願寺と信長との和睦を取り持っている（『本願寺文書』武一七三三号）。信玄と信長の同盟関係は、ここまで変わっていない。

ところが、そのいっぽうで信玄と謙信・家康との関係が決定的に悪化していた。信玄の両者に対する悪感情が拭い切れていないのである。

たとえば、永禄十三（元亀元）年四月十日に将軍義昭の近臣・一色藤長に出した信玄の条書（箇条書の文書）中に、北条氏と上杉氏双方から将軍の御前で、自分のことを悪く言ってくる者がいることに苦言を呈している（『玉英堂古書目録所収文書』武一五三五号）。和睦したとはいえ、謙信には決して心を許してはいない。

信玄と家康との関係は、それ以上に険悪である。　家康が信玄と断交し、謙信とむす

ぶのである。それは元亀元年の十月のこと。

家康と謙信の間柄は、もともと悪くはなかった。　永禄十一年に家康が今川氏の領国

に侵入して遠江を手に入れたことに対し、上杉氏側はさっそく祝意を示したようだし

『上杉家文書』一一〇一号）、元亀元年五月には、家康重臣の酒井忠次に宛て謙信が初

めて書状を出し、今後の昵懇な関係構築を申し入れている（『本光寺所蔵文書』上九三

一号）。

その結果、十月八日の日付で家康から謙信に宛て起請文が作成された（『上杉家文

書』一〇八〇号）。そこでは次の二箇条が誓われている。

（一）信玄との断交については家康の深慮によるものなので、少しも嘘偽りないこと。

（二）信長と謙信との関係がうまくゆくように家康から意見すること。　武田氏と織田

氏の縁談についても、破談になるよう家康が諫めること。

家康が信玄と手を切って謙信とむすぶことはまだしも、同盟関係にもとづき進めら

れていた武田氏と織田氏の縁談を、第三者の家康が積極的に壊すよう画策するという

点、家康（そして謙信）と信玄の対立は、修復不可能なほど悪化していることがわか

ろうというものだ。

上杉謙信宛徳川家康起請文
〈『上杉家文書』上杉博物館（米沢市）所蔵〉

北条氏康が元亀二年十月に没したあと、跡を継いだ氏政は、謙信と手を切り、ふたたび信玄とむすぶ道をえらんだ。同年十二月、甲相同盟の復活である。

これによって東の脅威（北条氏）が取り除かれた信玄だが、ただちに目を西、つまり家康・信長に向けたわけではない。とくに信長に対しては、依然として好意的である。

北条氏との同盟を復活させたことについても、信玄は信長に報告している。これによって家康からあれこれ自分の悪口を言ってくることがあっても、耳を貸さないでほしい（「佞者の讒言油断信用なく候様」）というのである。

「佞者」（悪賢く媚びへつらう者）とは、

家康を暗に指していると思われる。「たとえ扶桑国（日本）の過半が手に入ったとしても、何の宿意があって信長に敵対などしょうか」と、相変わらずの同盟維持を信玄は夕庵に対して伝えた（『武家事紀』武一七七五号）。

しかし、この明らかにねじれた関係が破綻をまねかないはずはないのである。

◉信玄よもやの裏切り

家康と信玄、それぞれと強い同盟関係をむすんでいる信長は、険悪化しつつある相手同士の関係について、どのように考えていたのだろうか。

右に触れた夕庵宛ての信玄の書状にあるように、信玄と家康の関係が悪くなっていることは耳に入っていただろう。家康からも情報が入っていたと思われる。

けれども、信長が両者の仲裁に乗りだすという気配は見えず、また、どちらかの肩をもつといった態度をとるわけでもない。前述のように元亀三年閏正月時点で、なお信忠と信玄の息女・松姫との縁談を実現しようとする動きがあるほどなのだ。この

あたりの信長の態度の曖昧さについて、たんに史料が残っていないだけなのかもしれないが、不思議でならない。

信長は終始一貫して、信玄と謙信の和睦実現に力を入れていた。元亀三年と推測さ

れる十月五日付で、信長は信玄に書状を出している（『酒井利孝氏所蔵文書』信補遺一三〇号）。

このなかで信長は、謙信との和睦交渉を進めているさなか、信玄が出馬しようとしていることは遠慮してほしいと申し入れ、信玄がこれを受諾したことに礼を述べている。これは八月頃、信玄が北条氏と連携して兵を上野に出したことを指していると思われる（『歴代古案』『上杉年譜』）。

謙信も翌六日の時点で、「越・甲一和」、つまり信玄との和睦が義昭と信長の仲介で進んでおり、いずれ決着するだろうと述べている（『上杉家文書』一一九八一―九二号）。

ところが、すでにこの時点で信玄は、家康に向けて進撃を開始していたのである。それがわかるのは、信玄が越前の大名・朝倉義景に宛てた書状（十月三日付）である（『思文閣古文書目録所収文書』武一九六七号）。それによれば、武田軍は九月二十七日・十月一日に出立し、信玄自身も同三日に出馬したとある。「畢竟この時に候条、当敵討ち留めらるべきご調略肝要に候」と、協力して「当敵」を攻撃することを要請している。

信玄がこのとき直接攻めこんだのは家康の領国・遠江であるが、家康を敵とした以上、彼と同盟をむすぶ信長も「当敵」となることは当然である。

実際、出馬後の信玄に味方した美濃の遠藤加賀守に宛て、「春には美濃に出馬する
ので、岐阜に向かい敵対の色を顕わしてほしい」と述べている（『鷲見栄造氏所蔵文
書』武一九八七号）。信玄はここで一転して、信長・家康といくさを交える覚悟を決め
たことになる。

信玄が遠江に侵入した目的については、これまでもさまざまな説が提起されている。
かつては上洛しての「天下獲り」だと言われたりもしたが、近年唱えられているのは、標的は岐阜の信長であり、そちらを攻めるために南側の安全確保を目的として、
遠江・三河に攻め入った（家康の領国を奪おうという意図があったわけではない）という
考え方と、家康との関係悪化を打開し、家康との関係を保持しつづける信長への批判
を背景にした遠江・三河侵攻こそが目的であったという考え方である。

端的に言えば、攻撃目標が信長なのか、家康なのか、ということである。
出馬は、本願寺や朝倉義景ら「反信長」勢力からの要請によると信玄自身が述べて
いることから、真の敵は信長であるという指摘がある。

ただ先に述べたように、とにかく信玄には〝家康憎し〟の気持ち（「三ヶ年の鬱憤」）
があった。信長を敵としたのは、家康と信長が同盟関係にある以上やむをえないとい
う考えで、義昭が主導して本願寺や朝倉氏が協力する〝反信長包囲網〟にくわわった

のではあるまいか。

◉ 激怒する信長

　電話やテレビ・ラジオはおろか、いまやインターネットなどを通じたさまざまな手段によって、情報が瞬時にして伝達・拡散し、多くの人びとが時間差なく情報を共有する時代である。そうではない約四百五十年前における情報伝達の時間差に思いを馳せると、そこにある種の歴史の面白さを感じる。

　もちろん後世の人間が感じる面白さなど、当事者の信長にとってみれば、たまったものではなかろう。信玄と謙信の和睦に力を注いで十月五日にその旨を信玄に伝え、そこに自身の現況（浅井氏攻めの状況）を書き添えるといった、丁寧な書状を認めた信長にとって、すでにその二日前に、信玄が家康やわが身を攻撃するため出馬していたことなど、想像だにしなかったことであり、面目丸つぶれの仕打ちだったに違いない。

　信玄と信長が交わした書状を見ると、互いの宛名の上に「謹上（きんじょう）」という上所（じょうしょ）を書き添えた、一段と相手を敬った書式のものであった。五日付の信長書状の宛名も「謹上　法性院（ほっしょういん）」（法性院は信玄の院号）と丁重な書き方で、相手に対するそうした敬意・信頼

が、過去の裏切りによって台無しにされたことを知った信長の思いは、いかばかりで
あったか。

信玄の裏切りを知った信長の心情は、十一月二十日付で謙信に出された書状のなか
で吐露（とろ）されている（『歴代古案』上一一三一号）。そこでは、こんなふうに書かれている。

「謙信と信玄の和睦について、将軍の仲裁により、去る秋から使者を派遣して（動い
て）いたところ、信玄のやり口は前代未聞の無道である。彼は侍の義理も知らず、都
鄙（ひ）の物笑いとなることすら顧みないことをしでかした」。「信玄がそうした態度をとっ
た以上、こちらも永久に彼と義絶することはもちろんである」。「信長と信玄とのあい
だには、あなた（謙信）がお考えになっている以上に遺恨（いこん）が消えずに残りつづけるだ
ろう。こうなった以上、未来永劫（えいごう）ふたたび彼と通交（つうこう）することはない」。

信長はこの書状を謙信に出すことによって、協力して信玄と対決してゆくことを求
めた。いっぽうの謙信は、これより先の十月十八日付で家臣の河田重親（しげちか）宛てに出した
書状のなかで、信玄の家康・信長攻撃に対する感想を漏らしている（『歴代古案』上一
一三〇号）。

信長・家康に対し信玄が敵対したことは「信玄運の極み」であり、信玄は重大な判

河田重親宛上杉謙信書状
〈『歴代古案』東京大学史料編纂所所蔵謄写本〉

断の過ちをおかした。逆にこれは「当
家の弓矢わかやぐべき随(瑞)相」で
ある、「兎角に信玄蜂の巣に手をさし、
無用の事仕出し候」(上図版▼の行)と
して、信玄と一戦を交えることへの勝
機を感じ取っている。

信玄の信長・家康への敵対が「蜂の
巣に手をさし入れたようなもの」とた
とえる謙信もなかなかの感性の持ち主
だが、第三章で謙信と信長の関係を考
えてゆくうえで、この時点での謙信の
信長に対する見方を語っており興味深
い。

◉ **信玄死後も収まらない怒り**

このあとはご承知のとおり、十二月

に遠江の三方原（みかたがはら）において武田軍と徳川・織田連合軍が衝突して、家康は散々の敗北を喫した。信玄は、そこからさらに進軍して三河に侵入し、翌天正（てんしょう）元年（元亀四年）、同国野田城を攻めている最中に体調を悪化させ、武田軍は兵を引くのである。信玄はその帰途没した。

信玄は出馬を告げる書状を朝倉義景に出しているように、敵対にあたって朝倉氏との共同作戦を模索（もさく）していた。その後も十一月十九日・十二月二十八日と、義景に宛て書状を出している（『徳川黎明会所蔵文書』武一九八九号・『伊能家文書』武二〇〇七号）。

しかし、肝心の義景は信長攻撃に消極的であり、信玄が期待するような行動を示さなかった。

十二月二十八日付の書状では、朝倉軍が兵を返してしまったことを驚くとともに、「兵をいたわることも必要でしょうが、いまこそ信長滅亡の好機なのですから、考え直してください」と、必死に訴えかけている。

しかし、その訴えもむなしく、ほどなくして信玄は病魔におかされ陣没（じんぼつ）し、義景は信長攻撃の機会を逸したまま、逆に攻めこまれ、天正元年八月に討たれてしまうのである。

第一章でも見たように、自分を裏切った者に対する信長の憎悪ははなはだしく、以

元亀３～４年の武田信玄遠江・三河攻め関係地図
〈谷口克広『戦争の日本史13 信長の天下布武への道』
吉川弘文館・114～115頁所載地図に手を加えた。
矢印は信玄の進軍経路。数字は発着の日付〉

降、信長は一貫して武田氏を敵とみなした。「未来永劫、通交しない」という発言に偽りはなかったのである。

信玄没後に跡を継いだ勝頼に対しても、この憎悪は変わらない。裏切られてから約二年半後の天正三年五月二十一日にあった長篠の戦いにおいて、武田軍相手に大勝利した信長は、家臣の長岡藤孝（細川幽斎）にその戦果を知らせている。

このなかで、自身が京都（義昭のことか）や越前・近江（朝倉氏・浅井氏）への対処で取り紛れているとき、「信玄入道表裏を構え、旧恩を忘れ、恣の働き」をおこなったので、いつなんどきでも武田氏といくさをすることがあったら必ず勝つつもりでいたところ、そのとおりの結果になった、と書いている（『細川家文書』信五一二号）。

このとき謙信に対しても似たようなことを報じているのだが、ここでは、いつなんどきでもいくさになったら討ち果たすつもりでいたところ、信玄が亡くなってしまったのは残念であった、としている（『上杉家編年文書』信五一八号）。信玄に対する憎しみは深い。

だから、跡を継いだ勝頼を長篠の戦いで討ち漏らしたのは、信長にとって悔やむべきことであった。同年の十一月に武田氏に奪われていた美濃の岩村城を嫡男・信忠の軍勢が取り囲み、落城一歩手前の状況となっていたとき、勝頼が岩村城を救うため出

陣したという一報を京都で耳にした信長は、いそぎ岐阜に戻り、勝頼と一戦を交える
べく準備をしたのである（『信長記』巻八）。よほど自らの手で勝頼を討ち取りたかっ
たのだろう。

このときは、信長が駆けつける以前に信忠の奮闘で岩村城は降参してしまい、また
しても信長の遺恨は晴らされなかった。結局、この武田氏に対する怨念は、天正十年
に同氏を滅ぼすまで消えなかった。信長は武田氏を「東夷」と呼び（『細川家文書』信
一〇一三号）、天下静謐をかき乱す勢力であるとみなしていたのである。

なぜ信玄は信長を裏切ったのか

さて、それではなぜ信長は、信玄に裏切られたのだろうか。

すでにこれまでの研究でも指摘されているように、強く敵視していた家康の行動
（謙信との同盟関係）を抑えられない信長に対する不信感が信玄に募っていたことや、
義昭・本願寺・朝倉氏らの〝反信長包囲網〟の動きが活発化していた時機に乗じた、
ということがあったのだろう。

いまひとつ指摘されている信玄裏切りの重要なきっかけとして、武田氏の信濃と織
田氏の美濃の境界領域にいる東美濃の国衆・遠山氏の存在がある。

戦国史研究者の丸島和洋氏によれば、武田氏に従属して生き残りの道を模索しなが
ら美濃の斎藤氏と敵対し、前述のように婚姻関係により信長とむすんでいた美濃岩村
の遠山氏だったが、元亀二年から同三年にかけ、当主の死没により後継者不在になっ
たとき、信長は遠山領に軍勢を派遣し、後継者として子息を入部させた。これを信玄
が国境侵犯行為とみなした可能性があるというのである。

裏切られた信長の側から、その理由を考えてみよう。

信長は家康とも、信玄とも、謙信とも同盟関係をむすんでいた。そのうえで長年敵
対していた信玄と謙信をも和睦させようと動いた。信長は将軍義昭のもと、主として
畿内を中心とする政治空間である「天下」を混乱なく統治すること（天下静謐）を目
標に掲げていた。その目標を実現・維持してゆくために、周囲の戦国大名同士の対立
も収める必要があった。

ところが、自分と同盟している同志である家康と信玄が、決定的な対立に向かって
ゆくことを信長は阻止できなかった。阻止しようとしたかどうかもわからない。

そうであるにもかかわらず、なおそれぞれとの同盟関係の維持に努力しようとして
いることは、傍目で見て明らかに無理がある。現実を無視する理想主義的なところが、
信長にはあったのかもしれない。それが、結果的に信玄の裏切りに気づけなかった過

ちにもつながった。

遠山氏のばあいでも、遠山領への軍勢派遣・子息入部について、信長自身は深刻にとらえていなかったのではないかと指摘されている。このことが武田氏との同盟関係を揺るがす行為であるという自覚が、信長にはなかったようなのである。

こういう表現が妥当かどうかわからないのだが、相手を信頼したうえで、天下静謐のためなら現実をも度外視して和睦・同盟を進めたり、同盟相手の独自の行動を抑えきれなかったりする外交の手ぬるさが、信長にはあったのではないだろうか。

遠山氏の問題も、明らかに外交の過ちである。戦国大名間の外交にとって、国境紛争が最重要問題であることについての認識が甘い。こうしたことが仇（あだ）となって、痛いしっぺ返しをくらうことになる。

相手を信頼するのだが、相手がどのように考えているかはあまり気にせず（あるいは気づかず）、自分の目標に向かって一本気に突き進む。人間信長のいいところでもあり、これが落とし穴ともなってしまった。信玄との関係の推移を見ることで、信長の長所と短所が浮き彫りになったようである。

第三章　上杉謙信──支援約束の果て

第3章／略年表

永禄2年（1559）	2月	信長、上洛する。
	4月	長尾景虎（のちの上杉謙信）、上洛する。
永禄3年（1560）	5月	桶狭間の戦い。
永禄4年（1561）	閏3月	長尾景虎、上杉氏を継ぎ、上杉政虎と名乗る。
永禄7年（1564）	6月	信長、謙信から送られた書状に返事を出す。
	11月	信長の子息が謙信の養子に入る約束がなされる。
永禄11年（1568）	6月	信長、謙信に信玄との和睦を働きかける。
	7月	信長、上洛にあたり信玄との同盟関係を確認し、謙信にこれを報告する。
	9月	信長、足利義昭に供奉して上洛する。
元亀元年（1570）	10月	家康、信玄と断交し謙信と結ぶ。
元亀2年（1571）	7月	信長、謙信と信玄の和睦を働きかける。
元亀3年（1572）	10月	信玄、信長を裏切り遠江に出陣する。
	11月	信長、謙信に対し、信玄を非難し、協力して武田氏攻めを行うことを申し入れる。
	12月	三方原の戦い。武田軍、徳川・織田軍を破る。
元亀4年（1573）	3月	信長、謙信に条書を送り、武田氏攻めについて相談する。
	4月	謙信、信長の要請により越中から居城春日山城に帰陣する。信玄病没する。
	7月	足利義昭、信長に対し挙兵するも失敗、京都から追放される。

天正元年（一五七三）	天正二年（一五七四）	天正三年（一五七五）	天正四年（一五七六）
八月　信長、朝倉氏、浅井氏を滅ぼす。	二月　信長、武田氏の東美濃攻めに対し出陣する。	五月　長篠の戦い。織田・徳川軍、武田軍を破る。	秋頃　謙信、信長を裏切る？
元亀から天正に改元される。	三月　謙信、武田氏攻めのため上野に出陣し、信長・家康の協力を申し入れる。	六月　信長、謙信に長篠の戦いの戦果を報告する。	七月　信長、謙信の越中出陣を訝る書状を出す。
	家康、謙信家臣村上国清に駿河出兵を約束する。	七月　信長、謙信に協力しての武田氏攻めを要請する。	信長、謙信、越前一向一揆を攻め、八月に滅ぼす。
	（この頃、信長、謙信に洛中洛外図屛風を贈る）		
	五月　信長、上洛し、この間奈良に赴き東大寺正倉院の蘭奢待を切り取る。	九月　信長、長島一向一揆を討ち、岐阜に帰陣する。	
	六月　武田氏、徳川氏の遠江高天神城攻撃を開始し、これを落とす。	七月　信長、長島一向一揆攻めを開始する。	
	信長、謙信からの書状に答え、秋の出陣を約束する。		

🔷 上杉謙信と信長の同盟

第二章で述べたように、上杉謙信（長尾景虎、政虎・輝虎、天正二年出家して謙信と名乗る。以下では謙信の呼称で統一する）もまた、もともと織田信長と同盟関係をむすんでいたにもかかわらず、のちにきびしく敵対するに至った戦国大名である。

謙信のばあい、どんな理由で信長を裏切ることになったのだろうか。ここでも、同盟関係にあった頃のふたりの関係から、まず見てゆくことにしよう。

上杉家に伝来した文書『上杉家文書』（上杉博物館所蔵）を中心に、信長から謙信側に送られてきた書状は比較的多く伝存している。そのなかで最も早いのは、永禄七年（一五六四）と推定される六月九日付の書状（『維宝堂古文書』上四一〇号）である。つまり、すでにこれ以前から二人の通交はあったわけである。

ここで信長は、謙信から送られてきた書状の返事を書いている。

永禄七年といえば、いまだ室町将軍は健在であり（当時は十三代・足利義輝）、同三年に信長が桶狭間の戦いで今川義元の軍勢を撃破してから四年後にあたる。謙信は越後の領主として、隣接する武田氏としばしば干戈を交えていた。

同二年に謙信と信長は相次いで上洛し、義輝に拝謁している。越後と尾張の戦国大名であったふたりは、互いに書状を送り交わし、周囲の大名とのあいだで生じた軍事

行動などを報告し合う仲であった。

六月九日付の信長書状の宛名は、謙信の重臣・直江景綱（のち政綱）である。書状の最後のほうに「この旨を（謙信に）ご披露よろしくお願いします」とあるので、謙信本人にではなく、家臣に宛てその主君への披露を乞う披露状の形式をとっている（実際は謙信本人も披見したのだろうが）。相手の家臣宛にもかかわらず、「恐々敬白」とむすんだ。

今朝紙上廻公子

代云

盡力高聲噴不應

収因結果畫始

畫終對面無

私天云哘

上杉謙信像
〈一般財団法人太陽コレクション所蔵〉

「敬白」は通常、僧侶相手の書状に使う書止のことばだが、同時代の信長書状では、上洛以前の足利義昭の家臣に宛てた披露状（《永禄八年》十二月五日付信長書状・信六〇号）にも使われていることを参考にすれば、信長は謙信に対しかなり下手に出て、丁寧に接していることがわかる。

それもそのはずで、謙信は上洛した翌々年の永禄四年に、当時の関東管領だった上杉憲政から上杉氏の名跡と関東管領職を譲られ、この時代の由緒ある家柄に連なった。信長の家は、尾張守護代家の守護代の一族にすぎない。室町将軍から見れば地方の戦国大名同士かもしれないが、格の違いは歴然たるものがあった。

谷口克広氏は、信長が関東管領を継いだ謙信の自尊心を尊重して、「形式上、敬意を示しているかのような態度」で接していることを、「巧みな外交術」と表現している。

もっとも、ふたりの距離はほどなく縮まったようだ。永禄七年に推定されている九月九日付の書状（『歴代古案』上一四三五号）では、信長は斎藤氏の居城・美濃井口（のちの岐阜）攻めの様子を謙信に報告している。この書状のむすびは「恐々謹言」となり、文中には「直書」（謙信へ直接宛てた書状）も送ったとあるのである。

こうした関係の変化は、直後の十一月頃に交わされた盟約へとつながってゆく。信

長が直江政綱に宛てた七日付の二通の書状（『上杉家文書』五〇〇・五〇一号）によれば、ふたりのあいだに何らかの「御誓談」が交わされ、そのしるしとして、信長の息子が謙信の養子に入るという縁組がまとまった。

周知のように、この養子縁組が実現することはなかったが、浅井長政や武田信玄に対するのと同様に、縁組（長政・信玄の場合は婚姻関係であったが）によって、信長は相手との盟約を進めようとしたのである。

このとき信長はまだ美濃を手中に収める以前であり、謙信の意図といい、お互いどのような利点があって、この盟約をむすんだのだろう。理由ははっきりしないが、谷口氏は信長側の理由として、美濃・斎藤氏への備えがあったのではないかと推測している。そうだとするなら、長政や信玄と同盟をむすんだ理由とも共通性があることになる。

◉謙信と信玄の和睦を仲介

さて、信長が義昭に従って上洛しようとしていた永禄十一年まで話を進めよう。

信長が義昭に協力するため上洛を決意し、当時、越前の戦国大名・朝倉氏のもとに身を寄せていた義昭を美濃に迎えたのは、同年七月のこと。その約一か月前、信長は、

謙信と信玄との和睦を仲介しようとしている。

六月二十五日付で、信長が直江政綱に宛てた書状（『歴代古案』上六〇八号）によれば、度々信玄の側から謙信との和睦の望みが申し入れられており、この仲介にあたりたいと思っていたのだが、謙信の意向を測りかねてしばらく遠慮していた。しかし今回、そちらの考え方次第で事を進めたいと思う、と伝えている。

謙信・信玄と信長という三者の微妙な関係については第二章でも触れたが、以下では、謙信・信長二者の関係を軸にして、重複をいとわず述べることにする。

谷口氏によれば、六月中には、義昭のもとに信長から岐阜招聘の使者が派遣されたのではないかという。信長が謙信・信玄の和睦（越・甲和与）に乗りだしたのも、このことと関係しよう。

義昭を美濃に迎えた直後の七月二十九日に、信長は「武田・織田の関係については、隣国の妨げを除くため、和睦しました」（『志賀槇太郎氏所蔵文書』上六一〇号）と、謙信に報告している。

謙信と敵対関係にあった信玄と信長が和したことにより、それまで同盟関係にあった謙信との関係にひびが入ることを懸念するいっぽうで、「天下」を治める将軍のもと、謙信・信玄もまた和睦してほしいという、信長の願いが込められている。

その後はあくまで将軍義昭を前面に立て、信長は一緒に動くというかたちで、ひきつづき謙信・信玄の和睦実現に尽力した。元亀元年、信長とそれぞれ同盟関係にあった信玄と徳川家康の関係が決裂し、家康が謙信と同盟をむすんだあとも、信長は謙信・信玄・家康との友好関係を維持しつづけた。

この間、謙信と信長とのあいだでは、頻繁に贈り物がやりとりされている。ふたりの関係が史料上うかがえる早い時期にあたる永禄七年当時、すでに謙信から信長に鷹が贈られている。

鷹狩り好きの信長は、越後やさらにその北の奥羽にて産する鷹を欲していた。近況報告ついでに、珍しい鷹がいると耳にしては謙信のもとに使者を派遣したり（『上杉家文書』六一六号）、陸奥へ鷹匠を派遣するにあたり、その路次の安全確保をお願いしたり（『高橋六右衛門氏所蔵文書』上六四六号）している。

謙信の側からも、信長に対して「生易の鵺鷹を持っているからお見せしたい」と連絡し、信長はさっそく鷹匠を派遣して、おそらく譲り受けることができたのだろう、その見事さに感激したことを認めた書状もある（『上杉家文書』六二〇号）。

逆に信長からは、糸毛の腹巻や兜（同前・上五九五号）、唐糸や豹皮など（『志賀槇太郎氏所蔵文書』上六一〇号）が謙信に贈られている。

それにつけても、信長の越・甲和与に注ぐ熱意は、なみなみならぬものがある。元亀二年（一五七一）の七月には、あらためて謙信に対して信玄との和睦を働きかけた。

義昭の意志のもと、信長からも使者を添えたとしたうえで、「あなたとわたしとは多年、交誼をむすんでいます。信玄ともいい関係にあったとおりです。ところがここ数年、ふたりが敵対していることについて見過ごせば、外聞もいかがかと思うので、遠慮をかえりみずに連絡した次第です」と、熱のこもった和睦勧奨をおこなっている（『旧高田藩和親会所蔵文書』上一〇五三号）。

いつも強気な印象のある信長だが、きわめて低姿勢なのである。

● 信玄の裏切りを受けて

だからこそ、信玄の裏切りを知ったときの信長の怒りはすさまじく、対応もすばやかった。

信玄が遠江に向け出馬したのは元亀三年十月三日であったが、それを知って信長はすぐに謙信と連絡をとったのだろう。十一月二十日付の謙信宛書状（『歴代古案』上一一三一号）によれば、すでに上杉氏の使僧・山崎専柳斎を介して、信玄とは義絶する旨の誓約を申し送っていたことがわかる。この文書のなかで信長が信玄に向けて吐い

た痛罵(つうば)は、第二章で紹介したからくりかえさない。

信長からの誓約に応じて、謙信は二通の「罰文(ばつもん)」、つまり起請文を送ってよこした。

ここには、両者が信玄とむすぶことは永久になく、協力して「退治」することが書かれていたのだろう。信長は謙信の使節である長景連(ちょうかげつら)の目の前で、起請文に血判を据えたという。

謙信も、信長と信玄の関係が切れたことを好機ととらえ、対武田氏の局面において「当家の弓矢わかやぐべき随(瑞)相」と述べたことは、これまた先に触れたとおりである。

信玄が信長を裏切った元亀三年当時、謙信は、武田氏とむすぶ隣国・越中の反上杉氏勢力との戦いに手を焼いていた。そこに武田氏や大坂本願寺と連携した加賀一向一揆(こうがいっこう)一揆勢も荷担(かたん)して、越中にかかりきりになっていた。そのうえ関東でも、上杉氏がおさえていた上野沼田(こうずけぬまた)や廐橋(まやばし)に対して武田氏や北条氏の触手(おこた)が伸び、警戒を怠ることができなかった。

そこに信玄・信長敵対の知らせが飛びこんできた。このことは、武田氏の目がもっぱら織田・徳川に向くことを意味する。謙信が、弓矢が「若やぐ」瑞相だと喜んだのも当然である。かくして、謙信・信長の同盟関係は、信玄の裏切りによっていっそう強化された。

● 元亀四年〈天正元年〉の混乱

これは結果論になってしまうのだが、謙信が信長を裏切ることになった経緯をさかのぼってゆくと、結局このとき、信玄の裏切りによって、謙信と信長の同盟が強化された時点こそ、謙信の〝裏切りに至る始まり〟だったのではないか、と思わないでもない。

元亀三年末にあった三方原（みかたがはら）の戦いにおいて、徳川・織田軍が信玄の軍勢に大敗を喫した後、年が明けて同四年（天正元年）（てんしょう）に入ってから、謙信から信長に二度の通信があったようである。これに対して信長は、三月十九日付で謙信に十一箇条にわたる条書を送り、お互いの近況と今後の作戦について事細かに伝えている（『謙信公御書集』上一一四三号）。

そのなかで「信濃への軍事行動については、油断なさらないようにしてください。もしいい加減な態度でいたら、上杉・織田・徳川の同盟は『紕繆』（ひびゅう）（間違い・誤り）になってしまいますので注意が必要です」と書いている。三者協力しての信濃（武田氏領国）攻めが、同盟のゆくすえを左右するというのである。

具体的な作戦として信長は、そのころ越中に滞陣（たいじん）していた謙信に対し、はやく越後（うしろづめ）領国に戻り、秋には関東・信濃へ出陣してほしいと求め、自らは家康とともに、その後詰（しろづめ）

（背後からの支援）を約束したようである。謙信もその要請に従い、四月二十一日には居城・春日山（かすがやま）に戻った（『歴代古案』上一一五〇号）。

信玄は出陣中の同年四月十二日に病没し、武田氏の兵は帰国した。信玄の死は遺言によって秘匿（ひとく）されたものの、その月のうちに陣没の噂は謙信の耳にも届いていた。このときこそ謙信・信長が協力して、武田氏を討つ好機であったはずだ。しかし、そうはならなかった。信長に対して将軍義昭が敵対し、信長はその対応に追われていたからである。

義昭はまず二月に、信玄や浅井長政・朝倉義景らと語らって反信長の旗を揚げた。信長は義昭に和議を申し入れたものの、義昭はこれを受け入れなかったため、義昭の籠もる二条城を囲み、同城のある上京を焼き払った。この焼き討ちは、京都の治安を維持すべき将軍がいかに無能であるかを示すためにおこなったものと指摘されている。このときの義昭の旗揚げは、焼き討ち直後になされた正親町（おおぎまち）天皇の斡旋（あっせん）により収められ、義昭と信長はいったん和睦する。ところが義昭は七月、山城・槇嶋（まきしま）城において

ふたたび信長に対し挙兵するのである。さすがにこのときは信長も容赦（ようしゃ）せず、槇嶋城に軍勢をさし向けて取り囲み、義昭を追い払った。将軍義昭が京都を追放される、いわゆる〝室町幕府の滅亡〟とされるで

きごとが、これである。

七月、つまり季節はすでに秋（旧暦の秋は七月から九月までの三か月）となっていた。

謙信と協力しての信濃攻めは実現すべくもない。いっぽう謙信の側でも、越中情勢が不安定であったため、またしても兵を出さなければならない状況となっていたようであり、どのみち武田氏攻撃は不可能であった。

信長は、義昭を追放した勢いで八月に朝倉氏、ついで浅井氏を討つことに成功した。朝倉義景が自害した当日（八月二十日）、謙信にその様子を報告している（『本願寺文書』上一一七一号）。

そこには、上杉氏の軍勢が越中に入ったことにより、加賀一向一揆が蜂起したという情報が届いていることが記されていた。そこで信長は謙信に、「さっそく出馬されて、いますぐ討ち果すべきです」と、越中・加賀への出馬をうながしている。もはやこの時点で、信長としても武田氏攻めは二の次になっている。

● すれ違う天正二年の作戦協力

あれだけ信玄の裏切りに対する憎しみを募らせて、謙信とむすびつきの強化を望み、対武田氏攻撃を煽っていた信長であるが、翌天正二年に入ると、逆に謙信のほうが積

極的に、武田氏への攻撃を信長にけしかける場面が目立つようになる。

すでに前年の元年末の時点で謙信は、越中攻めのため兵が疲れているので年内は休息し、年が明けたら、正月五日までには雪を除けて「越山」するという決意を表明している（『下条文書』上一一八一号）。

越山とは、文字どおり越後から山を越えて関東方面に兵を出すことを指す。このばあい、武田氏の勢力が及んでいた西上野を奪い取ることを直接は意味していた。謙信には武田氏攻めの意欲がみなぎっていた。

ところが信長のほうは、信玄の跡を継いだ勝頼によって、逆に侵略を受ける立場になってしまったのである。信長もまた、元年末の時点では、来年は甲斐に出陣して「関東の儀を成敗する」ので協力してほしいと、出羽米沢の伊達輝宗に要請しているから（『伊達家文書』二九一号・『遠藤山城文書』）、武田氏攻撃の意欲が薄れていないことは間違いないのだが、年が明けた正月末に、逆に武田氏の軍勢が東美濃に侵入し、同国の明智城を攻撃してきたのである。

これを受け、信長・信忠父子は二月五日に兵を出した。しかし、そこは山深い地であったために、両軍とも思うような軍事行動ができないでいるうちに、城内に内応する者があらわれて、城が武田方の手に落ちてしまった。結局、信長たちは二十四日に岐

阜に帰陣している。

いっぽうで謙信は、二月五日に越後から上野沼田に入った。謙信は正月九日に、家康側近の榊原康政に宛てて出陣予定を知らせている。それによれば、正月十八日に越山し、西上野に火を放つつもりであり、この時を逃すと武田氏攻めの機を逸するので、家康から信長に出馬をうながすように、康政から諫言してほしい、とある（『榊原文書』上一一八三号）。もっともこの予定は延期され、上野入りは結局二月五日になった。

沼田到着二日後の七日にも、謙信は家康の重臣・酒井忠次に対して、重ねて申し入れをしている。忠次宛の書状では、謙信越山の理由が少し具体的に述べられている。

家康が武田方の城である遠江の二俣城を攻撃した。同城救援（後詰）のため、信濃・西上野にあった武田氏の軍勢がそちらに向かった。これによって西上野の軍備が手薄になったので、謙信はその隙をついて沼田へやってきた、というのである。

謙信はこのように家康に対し恩を売ったうえで、「今回、家康が手合わせ（軍事協力）をしてくれなければ、今後こうした催促をすることはない」と、脅迫まがいに同盟破棄をちらつかせて、強く家康そして信長の武田氏に対する出馬をうながし、挟撃を画策している（『徳川黎明会所蔵文書』上二一八七号）。

これに対し家康は、三月十三日付で謙信側近の村上国清に宛て、駿河出兵を約束し

武田軍による高天神城攻めは、五月十二日に開始された。その報は京都にいる信長

高天神城を攻撃してきたのである。五月のことであった。

局、ふたりともできなかった。今度は武田氏の軍勢が、徳川氏の支配下だった遠江の

いっぽう信長と家康は、謙信のきびしい催促に応えることができたかといえば、結

できないでいた。

し、武田氏と同盟をむすんでいる北条氏が出兵してきたため、思うような作戦展開が

謙信はこののち四月にかけて、西上野の武田氏の城をいくつか攻め落とした。しか

この点は、本章の最後に述べたい。

れており、このときの協力関係のあり方をうかがう注目すべきごととなっている。

ところで、この三月に信長は謙信に「洛中洛外図屏風（らくちゅうらくがいずびょうぶ）」を贈ったのではないかとさ

洛をえらんだ信長の胸中がよくわからない。

取っている。謙信の要請に応えることなく（少しきびしい表現を使えば無視して）、上

このときの京都滞在時に信長は奈良へ下向し、東大寺正倉院（しょうそういん）の名香・蘭奢待（らんじゃたい）を切り

であった。

料は残っていない。信長は十七日に上洛してしまうので、もとより武田氏攻めは無理

ている（『歴代古案』上一一九四号）。信長がどのような応対をしたのかがわかる一次史

にも届いた。信長は二十八日に岐阜に戻り、高天神城支援のための兵粮調達をいそい
で、六月十四日に出陣、同十七日に徳川方の三河・吉田城まで駆けつけたものの、そ
の日、高天神城の城主・小笠原氏助が勝頼に降伏し、そのまま城は武田氏の手に落ち
てしまったのである。

◉ 違約から生じた亀裂

以上のように、信長・家康は、謙信に対して有効な軍事協力ができないまま、天正
二年の前半が過ぎてしまった。

謙信は、こうした信長の違約を詰ったのではあるまいか。六月二十九日付で信長が
謙信に対して弁明している条書がある（『今清水昌義氏所蔵文書』上一二二三号）。そこ
で信長は、「信・甲表の儀、信長勢を入れざるの由承り候。全く油断なく候といえど
も、近年五畿内ならびに江北・越前之儀につきて取り紛れ候つる事」と書いている。
謙信は「信長勢を入れざる由」（信長が出兵してくれなかった）と恨み言を述べてい
るのである。これに対し信長の弁解は、「油断していたわけではなく、このところ五
畿内や江北（近江北部）・越前の事に取り紛れて（できなかった）」というものであった。
江北・越前が浅井・朝倉氏のことを指しているのなら、これは前年の天正元年のこ

とである。もちろん朝倉氏を滅ぼしたあとも、天正二年前半にかけ越前の情勢は安定

せず、結局、越前は一向一揆勢に奪われてしまい、信長の思うとおりにならなかった。

ただ、ここでは江北ともあるから、表現から見れば前年の、旧聞に属することを理

由に出していると言わざるをえない。子供の言い訳めいてはいないだろうか。

さらにこの条書には、もうひとつ興味深いことが書かれている。謙信・信長の関係

を邪魔しようとしている者がおり、謙信がこれを疑っているのである（「御間の儀、自

然申し妨ぐるの者これあるか」）。信長はそうした人物の存在を否定し、もしいたとして

も決して許さない、と返事している。

具体的にどういった邪魔立てをしている（という疑念がある）のかはわからないも

のの、謙信と信長の信頼関係に何かしらのひびが入りかけていることは注目してよい。

謙信は、あらためて秋に協力して武田氏攻めをすることを信長に迫ったらしい。時

期も九月上旬を提案してきた。

信長はこれに同意し、詳しい日取りはあとで決めましょうとしたうえで、大坂本願

寺方面は畿内勢に任せ、東国方面は近江・美濃・伊勢・三河・遠江の軍勢を当てるの

で、畿内の軍事行動が武田氏攻めに影響を与えることはないからご心配なきようにと、

謙信の懸念を払拭することに努めている。

では約束の九月上旬、信長はどうしただろうか。

右の条書を謙信に出す以前、六月十七日に高天神城が落ちていたことはすでに述べた。

信長は、兵粮代として黄金を入れた皮袋二つを家康に与えて、岐阜に引き返した。その後、秋に入って七月十三日に出陣したのは、木曾川・長良川・揖斐川が伊勢湾に注ぐ河口に位置する長島である。長島城とその支城に楯籠もった一向一揆勢を包囲し、飢餓状態に陥った敵が降伏してきたにもかかわらず、不意打ちのように彼らを攻撃し、徹底した虐殺をおこなった。このため、追い詰められた一向一揆勢の逆襲にあい、一族にも大きな犠牲が出た。

信長が岐阜に帰陣したのは九月二十九日である（『信長記』巻七）。長島は早くけりをつけるつもりでいたのかわからないが、謙信と約束したはずの武田氏攻めは、またしても履行されないまま秋は過ぎ去った。

信長による長島攻めを謙信がどう見ていたのか、史料がなくわからない。信長は長島から岐阜に帰ったあと、年内そのまま在城している。

謙信のほうは、冬にかけて、味方であった下総関宿の簗田氏が北条氏から攻められ、耐えきれずに降伏してしまうという憂き目を見た。心に期した武田氏攻めができなかったのはおろか、北条氏にも押され気味で、これでは鬱屈を抱えないはずがない。

◉亀裂は、やがて破綻へ

そんな仕打ちにあっても、謙信が信長と完全に手を切ったわけではなかった。天正二年の前半頃まで、上杉家側に比較的多く残されている信長の書状や、謙信・信長両者のあいだで交わされた文書が、同年の後半以降になると少なくなっていることは、ふたりの関係の変化をあらわしているのかもしれないが、決裂というほど決定的な敵対関係には至っていない。

翌天正三年五月二十一日に起きた長篠（ながしの）の戦いのさいには、どうやら織田・徳川軍と武田軍が衝突する直前、十九日付で謙信は、信長に陣中見舞の書状を送ったらしいのである（『上杉家編年文書』信五一八号）。

それによれば、信長は戦後の六月十三日にそれを受け取り、すぐに返事を書いた。そもそも戦いの帰趨（きすう）が決した直後、陣所から謙信に、戦勝の一報を出していたらしいこともわかる。

謙信からの五月十九日付の書状を受け取った信長は、六月十三日付の返事であらためて大勝を伝え、「さすれば信濃に出兵しようと思います。幾度（いくたび）もそちらから承っていたことでもありましたので、このときこそ信濃・甲斐に攻め入る好機でしょう」と、協力して武田氏攻めをしようと鼻息は荒い。

しかし、前年にあれだけ武田氏攻めの催促をしながら、相手が果たしてくれずに苦杯をなめさせられた謙信としては、何を今さらと、信長のあまりの虫の良すぎる態度に苦々しさをおぼえたのではあるまいか。

そのように思っていたのかどうか、今度は逆に謙信が、武田氏攻めをすることはなく、兵を越中にさし向けたのである。武田攻めを持ちかけてから約ひと月後の七月二十日付で、村上国清に宛てた信長の書状が残っており、そこでは「約束していたことを違えてしまうのは世間体が悪く無念です」と、逆に恨み言を述べてくる始末であった『諸州古文書』信五二六号）。まるで謙信が、意趣がえしをしたかのようである。

ちなみに、上杉家が江戸時代に編んだ公式記録『上杉年譜』によれば、長篠の戦い大敗後の六月、武田勝頼から謙信に対し密かに使者が派遣され、和睦を申し入れたという。謙信はこれを受け、足利義昭から度々、信長退治の命を受けていることもあり、武田氏と和して信長を攻めることにしたとある。

義昭から謙信に、信長退治の命があったことは事実だが、謙信裏切りの理由については裏づけがなく、こういう説もあるということで紹介しておく。

ところが、天正三年の秋（七月・八月）に攻め入った先は越前であった。前年長篠の戦い以前の段階で、信長は、秋に大坂本願寺を攻撃するつもりでいたようである。

に一向一揆に奪われていた越前を取りかえし、ここでも徹底的な殲滅戦がおこなわれたのである。

この方針変更の背景には、長篠の戦い大勝により、武田氏の脅威が弱まったこともあるのだろうが、それであれば逆に、本願寺攻めに力を集中できるはずである。

にもかかわらず越前を攻め、その後そこに重臣・柴田勝家らを配したというのは、長篠の戦い後に越中に攻め入り、さらに加賀へと影響力を及ぼそうとしていた謙信に対する警戒心もあったのかもしれない。

そうであれば謙信の心中は、ますます穏やかではなくなってくる。本来、同盟関係にあったはずの両者の鉤の掛け違いは、取りかえしのつかない事態に至った。

最近、戦国史研究者の柴裕之氏は、謙信と信長が敵対するに至った要因のひとつに、加賀・能登が、両者の支配領域が接する「境目」となり、そこをめぐる領土紛争の様相を呈したためであると指摘し、謙信の裏切りは天正四年秋頃に決意されたと論じている。

この地域を「境目」として不穏な状況にさせたのは、ほかならぬ越中に攻め入った謙信と、越前に攻め入った信長なのだが、その原因をさかのぼってゆけば、天正二年における信長の背信があったと考えざるをえない。

● 贈り物「洛中洛外図屛風」の問題

同盟から敵対へ、謙信と信長ふたりの関係の変化を以上のように追いかけてきたところで、気になることがひとつある。先にも述べた「洛中洛外図屛風」（上杉博物館所蔵）だ。

この屛風は信長から謙信に贈られたとされ、ふたりの同盟関係を象徴する調度品として知られている。戦国時代を代表する絵師・狩野永徳が描いたとされるこの名品は、義昭の兄にあたる将軍義輝の命により制作が開始されたが、完成したのは、注文主の義輝が三好氏の軍勢により殺害された永禄八年五月以降だという。

注文主の死去により、永徳のもとでそのままになっていたところを信長が目をつけ、友好の証しとして謙信に贈ったとされている。

屛風が謙信に贈られたのはいつか、長く議論が交わされていたが、絵画史料研究の第一人者である黒田日出男氏により、天正二年三月であるという説が提起され、現在ではそれに大きな異論は出ていないようである。だが待ってほしい。この天正二年三月というのは、前述のようにふたりの関係が、ややこじれかかっていた時期ではなかっただろうか。

『上越市史』も指摘しているように、屛風は、謙信が武田氏を攻めるため西上野に

「上杉本洛中洛外図屏風」〈上杉博物館（米沢市）所蔵〉

「越山」し、信長・家康に協力しての軍事行動を強くうながしていた、まさしくその頃に贈られたことになるのである。そんな時に、約束の出陣を果たさず、豪華絢爛たる「洛中洛外図屏風」を贈るというふるまいは、相手にどんな印象を与えたのだろうか。

黒田氏はこのあたりも当然、見越している。出陣できなかったことを詫びるための贈り物とまでは断言していないものの、「確かに信長が謙信に『もの』を贈る必然性があった」と、屏風が詫びのしるしであった可能性を示唆している。

江戸時代初期に成立した記録ではあるが、比較的良質なものとされている『当代記』のなかに、こんな挿話が書きとめられてい

る。

天正二年正月、武田勢が三河（実際は美濃）に侵入したことに対し、謙信はその後詰として、深雪にもかかわらず西上野に出陣した。ところが信長からは何の礼もなかったため、謙信はこれを遺恨（いこん）とする書状を信長に出したというのである。

この書状は残っておらず、どの程度信憑性（しんぴょうせい）がある話なのかはわからない。とはいえ、この謙信の不満をなだめるため、信長がお詫びの気持ちをこめて洛中洛外図屏風を贈ったという流れは想定しやすい。

三月であれば、実際はまだその後に出陣してくれるかもしれないという期待も残されていたが、結局それもなく、信長は上洛し、さらに秋には別のところ（長島）に出陣した。三月という黒田氏の説を受け入れるならば、その時機としても、またその後の結果を見ても、屏風の贈与ははなはだ逆効果だったのではないか、というのが率直な感想である。

◉ 信長の危うい外交感覚

以上見てきたふたりの気持ちのすれ違いを、恋人同士の関係に置きかえてみよう。

ある町に、なかなか予約がとれない人気の料理店があった。彼女の謙ちゃんは、苦

労してそこの予約をとった。ところが彼氏の信くんが、それに対してねぎらいのこと
ばをかけてくれないことに、謙ちゃんはちょっぴり不満だった。

しかも信くんは当日、約束の時間になってもなかなかやってこない。業を煮やした
謙ちゃんから電話をもらって、「かならず行くから」と返事しておきながら、このと
き信くんは結局すっぽかしてしまい、仕方なく謙ちゃんはそこでひとり、味気ない夕
食を食べた。

信くん本人は事の重大さを認識しており、大事な出張が入ってしまい来られなかっ
たという言い訳（あとから聞けば、京都・奈良に行っていたとのこと）とともに、お詫
びのしるしとして、とても高価な指輪を彼女に贈った。

謙ちゃんは「こういうことじゃないでしょ」と、彼の態度に違和感を抱きはじめた
ものの、せっかくの高価な贈物をむげに突き返すのも大人気ないので、そのときは貰
っておいて、ふたりの関係もそのまま継続した。

秋にこのときの借りを返すからという信くんの約束を信じ、謙ちゃんは楽しみに待
っていたけれども、その約束も果たしてくれず年が明けてしまった。謙ちゃんの心は、
すこしずつ信くんから離れてゆく……。

ところが、その面白くない記憶がまだ頭から消えていない頃、信くんから、去年す

っぽかした料理店の予約が偶然とれ、しかも眺望（ちょうぼう）も抜群の良い席がとれたといって、一緒に食事をしようと連絡があった。謙ちゃんの都合も考えず、日付も彼が一方的に決めて指定してきた。

こんな信くんの身勝手さに謙ちゃんは興（きょう）が醒（さ）めてしまう。そして彼女は真剣に別離を考えるようになり、このときの約束は彼女のほうから破ってしまった。かくして、ふたりは別れを迎えたのである……。

これは屏風贈与とは関係ないことだが、自分のほうから背信をしたにもかかわらず、そのことを相手がどう考えているのかという想像力が、信長には欠如しているように見える。

長篠の戦いにおいて大勝した直後、それまでのことを忘れたかのように同盟にもとづいた行動を相手に求める点についても、自らの過怠（かたい）を棚に上げる言動である。信長は謙信との外交でも、大きな過ちをおかしたと考えざるをえない。

第四章 毛利輝元——境目紛争の末に

第４章／略年表

永禄11年（1568）	9月	信長、足利義昭に供奉して上洛する。
永禄12年（1569）頃		毛利氏と信長の通交が始まる。
	8月	信長、毛利元就の依頼に応じ木下秀吉らの軍勢を但馬・播磨に派遣する。
元亀2年（1571）	6月	毛利元就没。
元亀4年（1573）	7月	足利義昭、信長に対し挙兵するも失敗、京都から追放される。
	同	元亀から天正に改元される。
	8月	信長、朝倉氏・浅井氏を滅ぼす。
天正元年（1573）	8月	信長、朝倉氏・浅井氏を討ったことを毛利輝元に報告する。
	同	尼子勝久ら、因幡鳥取城の武田高信を攻め、これを討つ。
	9月	輝元、義昭の帰洛について信長を説得する。
	12月	堺において義昭帰洛のための交渉が行われ、決裂する。
	12月頃	備前浦上宗景、信長から所領に関する朱印状を与えられる。
天正2年（1574）	2月	吉川元春、因幡に入り、山名豊国を降伏させる。 （この頃、秀吉の但馬出兵について毛利氏・信長との間に約束あり）
	11月	備中三村氏、毛利氏に叛旗を翻す。
天正3年（1575）	1月	但馬山名韶凞、毛利氏と和睦する。
	4月	信長、宗景と備前宇喜多秀家の和睦について元春に要請する。
	9月	秀吉、宗景を備前天神山城に攻め、宗景同城から脱出し播磨に逃れる。
	同	信長、播磨に荒木村重を派遣し、宗景への支援を行う。

天正４年（１５７６）		
	同	輝元、信長家臣松井友閑に、直家赦免のことを申し入れる。
	同	輝元、穂田元清に信長が敵となった時のことを想定する書状を出す。
	10月	宗景・播磨の小寺政職・同別所長治等、上洛して信長に拝謁する。
		元春、年内に安芸吉田において東西弓箭の儀に関する談合があることを報じる。
	11月	信長、権大納言・右大将に任じられる。小早川隆景、これに祝儀を贈る。
	同	信長、織田氏の家督を信忠に譲る。
	同	信長、東国・奥羽の領主たちに武田氏攻めへの協力を依頼する。
	2月	義昭、備後鞆に下向する。
	3月	輝元、湯浅氏に対し、信長が攻めてきた時の支援を要請する。
	同	信長、毛利氏に山中幸盛らを受け入れないことを約束する。
	同	元春・隆景、信長に年頭の祝儀を贈る。
	5月	毛利氏、義昭の支援を決め、信長に敵対する。

● 毛利氏と織田氏の同盟

本章でとりあげるのは毛利輝元である。輝元、ひいては毛利氏もまた、もともと織田信長とは同盟関係にあり、のちに裏切って敵対することになる大名である。

武田信玄といい上杉謙信といい、なぜ信長は、同盟関係にあった有力戦国大名に裏切られるのだろうか。これまでは漠然と、信長による〝天下統一の野望〟にもとづく拡大主義が大名たちの警戒心をあおり、結果、彼らが敵対するに至ったと考えられてきたと思われるが、ここまで信玄と謙信の例を見たように、彼らが信長を裏切るに至った原因は、それぞれに別個の理由があり、ひとなみに信長の脅威によるとは考えがたい。

ただし、それぞれに理由があり、ひとなみに信長の脅威によるとは考えがたい。

ただし、それぞれに別個の理由があるとしても、何か共通した（信長側の）原因があるかもしれない、ということは念頭において考える必要がある。戦国大名と信長との関係を考えるのは本章が最後となる（第五章・第六章は、信長と彼の家臣との関係をとりあげる）ので、そうした共通性があるのなら、ここで提示しておきたい。

さて、安芸の毛利氏と信長とのあいだに通交が始まったのは、信玄・謙信ほど古くない。谷口克広氏は、将軍義昭・信長が上洛したあと、永禄十二・十三年（一五六九・七〇）頃のこととしている。

両者をむすびつけたのは、山陰地方（出雲・伯耆・因幡）をめぐる情勢であった。

この地域に勢力をもっていた戦国大名・尼子氏を毛利氏が降（くだ）したのは、永禄九年のことであったが、その後、山中鹿之助幸盛（ゆきもり）らをはじめとする尼子氏の旧臣たちが、一族の勝久（かつひさ）を擁して、尼子氏再興を目指し決起したのである。彼らには但馬の守護・山名祐豊（すけとよ）が協力していたこともあり、永禄十二年、毛利氏（このときの当主は元就（もとなり）。元就は二年後の元亀（げんき）二年六月没）は、信長に対し但馬への出兵を要請した。

信長はこれに応えて、木下（羽柴（はしば））秀吉らを将とする軍勢二万を但馬に派遣し、同

毛利輝元画像
〈東京大学史料編纂所所蔵模写〉

国の垣屋城などを攻撃している（『益田家文書』二九五号）。このことを毛利氏に伝え

た朝山日乗は出雲出身の僧侶で、かつて毛利氏・尼子氏に仕えていたとされ、この時

期、朝廷・織田氏・毛利氏をむすぶ外交僧として暗躍していた。

日乗の書状では、信長から毛利氏に対して「御縁辺」、すなわち婚姻による縁組の

希望も伝えられている。谷口氏が、信長外交の「常套手段」とするように、ここまで

見てきた大名全員と信長は、縁組による同盟関係構築をおこなっており、毛利氏とも

また縁組をむすぼうとしていたのである。

永禄十二年に但馬に出兵すると同時に、信長は木下助右衛門尉らを将とした軍勢

二万を播磨にも出陣させている。先の日乗書状によれば、目的は「備（備前）・作

（美作）両国御合力のため」だという。山陽方面でも、備前・美作における毛利氏の

軍事行動に対する協力をおこなっていたのである。

当時西国では、「毛利氏包囲網」と呼ばれる、反毛利氏勢力による毛利氏への攻勢

が激しくなっていた。その中心は、九州北部の大名・大友氏（宗麟）である。大友氏

と呼応して、美作の三浦氏や備前の浦上宗景らが、反毛利の軍事活動をおこなってお

り、信長は、彼らの背後に位置する播磨に兵を出すことにより、毛利氏を支援しよう

としたのである。

戦国史研究者の山本浩樹氏によれば、この時点で中国地方は、因幡・美作・備前以西を毛利氏、但馬・播磨以東を織田氏の支配領域とするという合意があったとされている。

ここまでも似たようなことを書いている気がするが、信長は義昭とともに、西国地域においてもまた、敵対する勢力同士、すなわち毛利氏と大友氏との和睦締結に向けて奔走している。日乗書状でも、信長の取り持ちで大友・毛利の和睦を進めるので協力してほしいと、元就たちに呼びかけている。

このような仲介をしている以上、信長は大友宗麟とも決して悪い関係ではない。元亀三年（一五七二）五月頃、宗麟が上洛の意志を示していることについて、信長はわざわざ輝元の叔父である小早川隆景に対して書状を送り、これを伝えている（『小早川家文書』二七〇号）。

その書状によれば、宗麟の上洛の望みについて、信長と毛利氏との同盟があるため、そちらに連絡することを遠慮していたが、近年「天下の儀」には信長が関わっていることもあって、遠国の大名が上洛してくることは、京都（幕府）のためにも信長のためにもよいことなので、どうか許容してほしい。このように大友氏を好意的に迎え入れるからといって、毛利氏をないがしろにするわけではないから、その点ご容赦願い

たい、というのである。

信玄と謙信との和睦を進めていたさいにも、信長は両者におなじような気遣いをみせていたことを思い出す。

❀ 義昭の処遇をめぐって

元亀四年（天正元年）七月に、義昭が信長に対して挙兵したものの、逆に攻められ、同十八日に京都から追放されてまもない八月一日、義昭は、元就の次男・吉川元春に対して「当家（足利家）再興」に協力するよう呼びかけている（『吉川家文書』八一号）。

このなかで義昭は、「その国の儀第一に頼み思し召し候」と、毛利氏が頼りであることを強調している。あとで触れるように、義昭は後年、毛利氏を頼ってその領国・備後鞆に下り、その後、輝元は信長への敵対を決断する。このため義昭と毛利氏とのあいだには、つねに強い信頼関係があったと思われがちだが、追放直後の時点では、まったくそのようなことはなかった。むしろ、輝元たちは第三者の立場から、義昭と信長との関係修復を試みていた。

信長は七月十八日に義昭を追放したあと、八月に朝倉・浅井両氏を滅ぼすまでのあいだに、輝元らに対し義昭追放を報告する書状を送ったようである。これに対して輝元

元も、何らかの返事を送った。それを受け信長が、九月七日付で輝元・隆景宛に出した第二信が残っている（『乃美文書正写』信四〇一号）。このなかで朝倉・浅井氏を討っ

たことが報告されている。

おなじ日付で、織田氏の毛利氏への連絡役（取次）となっていた秀吉も、輝元に対して書状を出している（『毛利家文書』三三一号）。秀吉は、「公方様（義昭）が入洛されることについて、（あなたから）信長へ御諷諫がありました通り（私から信長へ）説得を試みましたところ、（信長は）同心されました」と書いている。

つまり、輝元は秀吉に対し、義昭を許したうえでの京都復帰を信長に働きかけてくれないか、と「御諷諫」していたようなのだ。

信長の「同心」を受け、輝元は十月二十八日、義昭側近の一色藤長に対して「帰洛について私から信長に申し入れましたので、将軍のほうでもこれを受け入れてくだされば『都鄙安泰』の基となります」と伝えている（『別本土林証文』大十編之十八）。輝元は、両者の仲裁役に徹している。

かくして十二月頃、義昭と信長とのあいだに、義昭帰洛のための交渉がもたれた。

織田氏からは、秀吉と日乗が交渉役として派遣され、毛利氏側からは、これまた外交僧として名高い安国寺恵瓊が同席した。この交渉の様子を、恵瓊が毛利氏家臣に報告

した十二月十二日付の書状が残っている（『吉川家文書』六一〇号）。

この交渉では義昭が、信長から人質を出すよう強硬に主張し、まったく引かなかったため、秀吉がこれに腹を立てた。そして「ご納得されないようなら、将軍はただ行方知れずになったと信長に報告するので、どこへでもいいから早く消え失せてくださ（ゆくえ）い」と言い放ち、席を立ってしまったため、結局は実をむすばなかった。

残された恵瓊や日乗は、ひきつづき義昭の説得を試みたものの、やはり彼は同意しなかった。この態度に呆れた恵瓊は、義昭に対して「もし西国に御下向されようもの（あき）（ごこう）なら一大事だ」「先々も、こちらに御下向することのないように」と強く釘を刺し、（くぎ）義昭もこれにうなずいて別れたようである。

恵瓊および毛利氏としては、信長と同盟関係にある現状において、義昭が懐に飛び（ふところ）こんでくることを極度に警戒していたのである。義昭から頼られることは信長と敵対することを意味するから、毛利氏にとって迷惑な話なのだ。

ちなみにこの恵瓊の書状は、のちに起こる本能寺の変を予見したかのようなことが語られ、また秀吉の有能さを見抜いたものとして有名である。

恵瓊はこのなかで、「信長の世の中は三年から五年程度もつだろう」「来年、信長は（たかころ）公家にでもなるだろう」「そのあとは高転びにあおのけに転ぶだろう」と信長権力の

将来を予測し、いっぽうで「藤吉郎さりとてはの者にて候（秀吉はなかなかの人物だ）」と表現している。

◉両者のほころび（一）─山陰情勢

織田氏と毛利氏との良好な関係が破綻するのは、右に見た義昭帰洛の交渉から約二年半経った天正四年のことである。それではこの間、両者のあいだにはいったい何があり、何が原因となって、敵対に至ったのだろうか。

どうやらそこには、両者の勢力が接する地域をめぐる情勢が、深く絡んでいたようなのである。山陰と山陽それぞれの地域に分けて、敵対の原因を探ってゆくことにしよう。

まず、山陰である。

永禄十二年頃から、尼子勝久・山中幸盛ら尼子再興勢力が、出雲・伯耆・因幡あたりで活動を活発化させていたことは、前述のとおりである。彼らに、天正元年八月頃、勝久と、彼の甥にあたる因幡の山名豊国らが協力することにより、因幡における毛利氏方の武将・武田高信が討たれてしまう。

らの軍勢は因幡・鳥取城を攻め、因幡における毛利氏方の武将・武田高信が討たれて

先に、天正元年の九月七日付で信長や秀吉が、輝元らに書状を送ったと述べたが、ほかにもこの日の日付で、秀吉と信長の右筆・武井夕庵両人の連署で、小早川隆景に送った書状がある（『小早川家文書』四〇二号）。

それによれば、それ以前、隆景から秀吉らに対し因幡・但馬の情勢について、援軍派遣の要請があったようである。秀吉と夕庵はこれに対し、但馬へ出陣する日取りについてはこちらから連絡します、と返事している。このように毛利氏は、織田氏の援軍を必要とするような状況であったのである。

先の（天正元年）十二月十二日付の恵瓊書状では、但馬については来年二月中に秀吉が大将となって入国することが決まっており、現在、但馬の半分ほどは秀吉に通じていると報告されている。その（天正二年）二月頃には、吉川元春が軍勢を率いて因幡に入り、敵対していた山名豊国を降伏させることに成功した。

信長は、これを祝う書状を隆景に送り、「但馬へ出兵することに

畿内・山陰・山陽関係地図
〈谷口克広『戦争の日本史13 信長の天下布武への道』
吉川弘文館・188〜189頁所載地図に手を加えた〉

ついては抜かりありません。そのときにまた連絡します」と伝えている（『小早川家文書』二六一号）。

ところが、このとき信長が毛利氏に約束していた但馬への出兵は、果たされなかった。第三章で見たように、天正二年二月頃といえば、信長は上杉謙信からも、協力しての軍事行動を迫られていた時期であった。なぜ謙信との約束を果たせなかったのかは、そこで述べ

たとおりだが、それを考えれば、但馬へ軍勢を割くこともまた、無理な注文であった。但馬に出兵できなかったことは、謙信のばあいと同様に、信長の背信と考えられるのだろうか。毛利氏は、但馬出兵の約束が果たされなかったことについて、謙信と同様に信長を詰ったのだろうか。

いまのところ、そうした史料は確認されていない。実際、毛利氏が信長を責めるようなことはなかったのではあるまいか。というのも、その後、毛利氏は但馬の山名韶煕に圧力をかけ、彼と和睦して同国を勢力下に組みこむことに成功したのである。これで尼子再興勢力に味方する山名氏は、完全に毛利氏の軍門に降ったことになる。

毛利・織田双方の合意を前提とすれば、但馬は織田氏の支配下に入るという約束だったはずである。信長は、こうした事態をどう受けとめたのだろう。隆景より芸（安芸＝毛利氏）・但（但馬＝山名氏）の和睦について報告を受けた信長は、次のように述べている（『小早川家文書』二七一号）。

　　但馬について、かねがねご承知のように、当方の分国とするという約束をしておりましたが、近年交渉がなく、苦々しく思っておりました。しかし、出雲・伯耆といった山陰地域の（安定の）ため、また、敵対する尼子・山中らの牢人を退治

するために必要だったということであれば、和睦が達成されたのはおめでたいこ
とです。 最前の盟約にしたがい、ご連絡いただいたことに感謝申し上げます。

信長は但馬について、兵を出すと約束しながら、それができなかった以上、毛利氏
が自力で決着をつけたことについて、やむをえないと諦めたようである。その後、山
名氏と毛利氏は、吉川元春を仲介にして天正三年正月に和睦し、同年五月には元春と
韶凞とのあいだに起請文が交わされ（『吉川家文書』五七七号）、因幡・但馬の山名氏
を毛利氏が庇護することになった。

毛利氏に抵抗していた尼子勝久と山中幸盛は、のちに信長を頼り、播磨・上月城の
守将として送りこまれることになる。 先の恵瓊書状を見ると、天正元年十二月時点に
おいて彼らは、すでに柴田勝家を通じて信長を頼っていた。 しかし、このとき信長は、
彼らを受け入れないと確約する朱印状を毛利氏に出したようである。

やや先の話になるが、毛利氏が信長に敵対する直前の天正四年三月にも、秀吉と武
井夕庵の両人が吉川元春に対し、山中幸盛は受け入れないという信長のことばを伝え
ている（『吉川家文書』一四七五号）。

この地域が、織田氏・毛利氏の決裂の直接の火種となったというわけではないもの

の、但馬の帰趨をめぐる問題（信長の側に不満が残る）、反毛利の将・山中幸盛の処遇をめぐる問題（毛利氏側は信長と幸盛のむすびつきに対し、つねに警戒している）など、両者の良好な関係を切り裂くような因子が、いくつか存在していたと言えそうである。

両者のほころび（二）──山陽情勢

近年の柴裕之氏の研究において、これまた織田氏と毛利氏の支配領域の「境目」に位置した山陽地方の備前・美作（備作地域）の情勢が、織田氏と毛利氏が敵対する直接の原因となったのではないかと指摘されている。ここでの対立軸は、備前の領主である天神山城主・浦上宗景と、岡山城主・宇喜多直家ふたりである。

もともと浦上宗景は、毛利氏とむすんで尼子氏と対立していたが、中国地方に毛利氏が勢力を広げてゆく過程で離叛し、大友氏や美作の三浦氏らとともに「毛利氏包囲網」にくわわったという。そのころ宇喜多直家は、宗景に属していた。

その後、義昭の働きかけに直家が協力し、元亀三年に毛利氏と浦上氏の和睦がいったんは実現するものの、ここまで何度か登場してきた尼子勝久・山中幸盛ら尼子再興勢力の挙兵に宗景が与したことで、ふたたび宗景と毛利氏は敵対するに至る。しかし、いっぽうの直家は宗景とは袂を分かち、毛利氏に協力する道をえらんだのである。

その後、宗景は信長の勢威を頼り、天正元年十二月頃、信長から支配領域を保証する朱印状を獲得した。そのときの様子は、これまた何度も触れてきた安国寺恵瓊の書状のなかで触れられている。

それによれば、宗景が信長から与えられたのは「備（備前）・播（播磨）・作（美作）」三か国の支配を認めた朱印状であるという。しかし、備前には敵対する宇喜多直家がおり、美作には宗景と反毛利で協調している三浦氏もいる。播磨のばあいは、この書状の別の箇所から、同国三木城主の別所長治も支配領域を保証されたことがわかり、そこでは「別所・宗景の儀も、当時持ちと相定め候」とある。「当時持ち」とは、その時点でそれぞれが支配している地域の安堵ということだろう。

この三か国全域の領有が、いわゆる宗景の〝切り取り次第〟で認められたというわけではないが、この三か国にまたがる領域の支配を認められたと、やや限定的に受けとめておきたい。

とはいえ信長が、反毛利の急先鋒である宗景の後ろ盾となったことは、毛利氏にとって大きな衝撃だったに違いない。しかも、それから約一年後の天正二年十一月、それまで毛利方であった備中の領主・三村氏もまた、毛利氏に叛旗を翻したのである。

備作地域の情勢は、毛利氏にとって望ましくない方向に動いていた。

吉川元春宛織田信長書状
〈『吉川家文書』吉川史料館（岩国市）所蔵〉

　その後、信長は天正三年四月頃、宗景と直家の和睦を画策し、そのための協力を吉川元春に要請している（『吉川家文書』七七号、上図版）。ところが毛利氏・直家は、宗景攻撃の手をゆるめなかった。信長の要請があった前後から、彼らは宗景の居城・天神山城の攻撃を開始し、これを陥落させる。宗景は隣国の播磨へと落ちのびた。

　支援していた宗景が敗れたことについて、信長はどう対処したのだろうか。

　天神山城をめぐる攻防がくりひろげられていた天正三年七月から九月にかけ、織田氏の軍勢は越前一向一揆攻めをおこなっていた。越前平定直後の九月二日に越前北庄に入った信長は、同国を柴田勝家らに分ち与えたうえで、従軍していた荒木村重に対し、そのまま「播磨奥郡」へ入り、人質を執り固めてきなさいと命じている（『信長記』巻八）。

村重に与えられた役目は、播磨において信長に味方する領主たちから人質をとり、彼らが忠節を尽くすよう梃入れするということだろうが、実際には右の『信長記』に書かれていない務めもあった。天神山城を追われた宗景が身を寄せた播磨の領主・小寺政職に対して、九月十二日付で信長が出した書状によれば、宗景の居所を拵えるめに村重を派遣したとある（『花房文書』信六六〇号）。

その約一か月後の十月八日に、信長が長岡藤孝に出した書状では、宇喜多氏の端城を追い払い、そこに宗景を置いて村重が帰陣したとある（『細川家文書』信五六三号）。但馬・山名氏の家臣が、吉川元春に宛てて出した書状には、宗景に兵粮を支援するため十月五日に村重が播磨に入ったという（『吉川家文書』九三号）。

つまり信長は、宇喜多氏が支配する城を攻略して奪ったうえ、その城郭を整備して宗景の新たな拠点として提供し、彼が持ちこたえられるだけの支援をするといった軍事作戦を村重に命じたわけである。

宗景や播磨の小寺政職・別所長治らはその後上洛し、十月二十日、信長に拝謁した（『信長記』『吉川家文書』九三号）。このように信長は、備作地域における反毛利勢力の中心人物・浦上宗景を一貫して支援しつづけ、宗景も信長に臣従する道をえらんだのである。

⊕ 対信長開戦の是非

備作地域における自らの敵対勢力（浦上宗景）を支援する織田氏に対して、毛利氏は、すくなくとも表面的には友好関係を維持しつづけた。輝元は、天正三年九月頃には宇喜多直家赦免のことを、信長近臣の松井友閑に申し入れている（東京大学史料編纂所所蔵『戦国武将文書』）。

信長はこの年十一月に、権大納言・右大将に任ぜられる。また、翌天正四年三月から四月にかけて、元春・隆景両者より信長に対して、新年の祝儀も届けられている（『吉川家文書』五六二号）。四月一日付で秀吉が隆景に対して、年頭祝儀の御礼を申し送っており（『小早川家文書』三九六号）、これが両者の友好関係を示す最後の文書となっているようだ。

儀を贈っている（『小早川家文書』二五九・三九三号）。また、小早川隆景は、それに祝

その裏で毛利氏は、遅くとも天正三年九月頃から、織田氏といくさを交えることになる可能性をかなり真剣に検討していたようなのである。

それまで天正元年と推測されていた年次比定が、最近、戦国史研究者の森脇崇文氏によって同三年と推測され直した九月晦日付の穂田元清（輝元の叔父）宛輝元書状において、輝元は、直家が毛利氏を見限り信長につくことを警戒しつつも、信長が敵と

なったときには、ひとまず宇喜多氏を楯に防いでいれば、大事にはならないだろうと述べている（『長府毛利家文書』大十編之十八）。

因幡において毛利氏になお抵抗をつづけていた尼子勝久・山中幸盛を攻撃するため、山陰にあった元春は、十月二十一日に因幡の山名豊国の家臣・大坪氏に宛てた書状のなかで、次のように述べている（『中村碩男氏所蔵文書』）。

　年内のことは、吉田（安芸にある毛利氏の居城）に集まり、「東西弓箭の儀」について相談したいと輝元からつづけざまに言ってきているので、まず吉田に参ります。

　森脇氏は「東西弓箭の儀」を対織田戦争とするが、おそらくそうであろう。天正三年冬頃、毛利氏は昇任祝いを申し入れるなど、信長との友好関係を崩すことなく、いっぽうで家中において、織田氏と戦うことの是非についてひそかに検討が開始されていた。

◉ 毛利氏、信長と対決へ

そうしたところ、天正四年二月頃、義昭が毛利氏の領国にある備後鞆に下向してくる。義昭は二月八日付の御内書において、元春に対し「信長の輝元に対する逆意は明らかであるから、まずそちらに向かうことにする」と知らせてきた（『吉川家文書』四八九号）。

輝元がこれによりすぐ義昭を立てて、織田氏への敵対を決意したわけではないことには注意しなければならない。備前の領主・湯浅氏に対して出された二月二十二日付の書状で輝元は、次のように述べている（『湯浅文書』瀬四四四号）。

備前・播磨の件では、去年以来、信長が考えを申し入れてきたこともあり、いま和睦の談合をしているところでありますが、このように公方様が下向してきたことで、信長がわたしたちに疑心を持ち、境目地域に攻めこんでくるかもしれません。その時はこちらからも兵を出しますから、どうぞご協力ください。

これを見ると、宗景・直家の和睦交渉は、天正四年二月下旬の時点において、なお継続中であったことがわかる。だから輝元が兵を出すのは、あくまで義昭の鞆下向に

毛利氏織田信長和戦対策書
〈『毛利家文書』毛利博物館(防府市)所蔵〉

より毛利氏を敵とみなした信長が攻めてきたとき、という条件があった。

だが結局、毛利氏は談合の結果、五月に義昭の要請を受諾することを決め、従属していた領主たちにも協力を求めた（『長府毛利家文書』五月七日付穂田元清宛輝元書状・『熊谷家文書』一六九号など）。

この決定も、毛利家中においてさまざまな可能性が検討されたすえに下されたことが、残された文書からわかっている。

『大日本古文書』において「毛利氏織田信長和戦対策書」と名づけられた文書が、それに該当すると考えられている（『毛利家文書』三三三六号、上図版）。これは現在で言えば、会議にあたり議長が、あらかじめその日の会議の内容について、出

席者に示しておいた議事メモのようなものであり、箇条書きで「こうなったときに、どうすべきか」という選択肢と想定が簡潔に書かれているにすぎず、解釈がむずかしいところもある。

右の対策書は「弓矢（合戦）にならないとき」「弓矢になったとき」の大きくふたつの仮定にそって、毛利家中として考えるべきことがらが示される。

前者ではまず、「宇喜多氏が織田方となり、織田氏が五畿内はもとより家中が結束して手強くなり、こちらに仕掛けてきたとき」に、毛利氏はどう対応するかという検討議案が書かれている。合戦にならないときの対応の箇所に書かれているから、織田氏が強力な支配圏を確立したばあいの、毛利氏としての外交方針ということなのだろう。

そのほか挙げられているのは、義昭の処遇（をどうするか）、毛利家中の考え方（をどうまとめるか）である。

合戦になったときには、合戦の最中に毛利家中の統制がとれるかどうか、出雲・伯耆・因幡をどのように維持してゆくか、直家をいかにしてこちらにつなぎとめておくか、という三点が書き上げられている。

右に紹介した毛利家中における討議内容については、簡潔な文章であるゆえ、右に

示した以外の解釈も可能であろう。ただ確実に言えるのは、くりかえしになるが、毛利氏は織田氏と友好関係を保っていた裏で、つねに交戦の可能性も検討していたことである。

● なぜ信長は輝元に裏切られたのか

毛利家中が織田氏との戦いも覚悟するなど、さまざまな可能性を検討していたことを、信長は予想だにしなかったであろう。この点、信玄や謙信のばあいと共通している。

毛利氏が本願寺に対して、海路から兵糧を支援しているらしい、という情報が信長の耳に入り、もしそれが本当ならば、当方の船を出して撃退するようにと発令したのは、天正四年の五月二十三日のことである（『萩原員崇氏所蔵文書』信六四二号）。この文書のなかですら、「もし本当ならば」（「事実においては」）と、完全に信じてはいない。

こうした信長の態度を〝油断〟と表現してよいのだろうか。

毛利氏が吉田に集まって「東西弓箭の儀」を談合しようとしていた天正三年の冬、信長は織田家の家督を嫡男の信忠に譲った（『信長記』）。十一月二十八日のことであった。

ちょうどおなじ日、信長はそれまで関係のなかった関東・陸奥の諸大名に宛て、武田氏攻めの協力を要請する書状を一斉に出している（『東京大学文学部所蔵雑文書』『飯野家文書』『歴代古案』信六〇七〜六〇九号）。

その取次役となっていたのは、信濃守護家の系譜を引き、当時、信長の庇護下にあった小笠原貞慶であった。信長が貞慶に宛てた同日付書状の写しも残っており、そのなかに興味深いことが書かれている（『小笠原系図所収文書』）。

その書状では、五月の長篠の戦い、八月の越前一向一揆攻めに大勝したこと、直前に成就した美濃・岩村城攻めの戦果などを報告したあと、五畿内情勢にくわえ周辺諸大名との関係について言及されている。たとえば「奥州伊達（輝宗）とは、かねがね連絡を取り合っている」といったような具合である。

そのなかで信長は、毛利氏との関係についても書いている。「中国の儀、分国として毛利・小早川ら家人の姿に候」（中国のことは、自身の分国として、毛利氏・小早川氏は家人のようなものである）というのだ。

東国諸大名への取次役を任せた貞慶に対し、彼を通じて東国へそう喧伝されるよう、やや大風呂敷を広げた感がないわけではないけれど、ほぼおなじ時期、輝元を中心とした毛利家中の主だった面々が、戦争の是非を談合している状況のいっぽうで、

相手を「家人の姿」であると豪語する信長がいる。　際だって対照的な姿ではあるまいか。

そもそも毛利氏が織田氏との対決を決断した大きな原因は、備作地域における反毛利勢力の中心である浦上宗景を信長が支援しつづけたことにあった。これにくわえて、山陰の因幡・但馬地域における紛争が、双方の思いどおりにゆかない（そこで反毛利の動きを見せる尼子再興勢力が、信長を頼ろうとしていることへの警戒）ことも作用しているかもしれない。

このまま備作地域において宗景を織田氏が、直家を毛利氏が支援しつづけることがいかなる結果をもたらすのか。　本来、友好関係にある織田氏・毛利氏の関係にいかなる影響を及ぼすのか。　毛利氏にはその点の冷静な見通しがあったのに対し、信長はあまりに楽観的であったと言わざるをえない。

◉ 見えてきた〝裏切られ〟の理由

信玄のばあい、第二章で述べたように、信長が武田氏・上杉氏・徳川氏いずれとも同盟関係にあり、同盟相手同士が敵対しても、そのまま手をこまねいていたことが、信長を裏切った一因であった。　さらに岩村の遠藤氏に対する問題もあった。　謙信のば

あいtoo、第三章で述べたように、双方の「境目」地域である越中・越前情勢が敵対の原因となったと指摘する柴氏の研究がある。

これに本章で見てきた毛利氏の事例を合わせてみれば、どうも信長は、ほかの戦国大名と接する領域にある中小領主の動向への対処、「境目」地域への対処がきわめて甘かった、言い方を変えれば拙かったように考えられる。

すべての勢力と同盟関係をむすんだり、ひとつの勢力にだけ肩入れして、その考え方を変えない不器用さ、一本気な面。これは、ある意味誠実であるとも言え、相手によっては頼りがいのある存在と見なされることもあろうが、外交という局面における状況判断の甘さ、平衡感覚の欠如（けつじょ）があると言われても仕方がない。

また、(これは当たり前かもしれないが)裏切られるまで、その気配に気づかないという〝油断〟も特徴として見られる。これは裏返せば、相手が自分を裏切るとはつゆほども疑っていない、相手を心底信用している（しんそこ）ということなのかもしれない。

状況判断・平衡感覚の問題は、外交の得手不得手（えてふえて）という政治権力者の資質に、後者の信用うんぬんは、信長の性格という人間論につながる問題となるだろうか。

ここまで四章にわたり、信長が他の戦国大名に裏切られた事例を検討してきた。その結果、なぜ裏切られたのかという原因が、おぼろげながらあぶり出されてきたよう

に思う。

　次の第五章・第六章は、家臣による裏切りの事例になる。はたして、ここまでの観察でわかってきた裏切りの原因が、家臣のばあいにも当てはまるのだろうか。

第五章　松永久秀と荒木村重──家臣の裏切り

第5章／略年表

年	月	出来事
永禄7年(1564)	7月	三好長慶没。松永久秀、三好氏の中心的存在となる。
永禄9年(1566)	8月	大和柳生宗厳が信長に出した書状中に信長と久秀が連携していることが記される。
永禄10年(1567)	12月	信長、興福寺在陣衆に義昭上洛にあたり久秀と協力していることを伝える。
永禄11年(1568)	9月	信長、足利義昭に供奉して上洛する。
	同	久秀、信長に息女を嫁入り(人質)のため遣わす。
	同	久秀、信長に九十九髪茄子を進上する。
永禄元年(1570)	10月	久秀、信長と三好三人衆の和睦を仲介する。
元亀2年(1571)	6月	久秀・三好三人衆ら、信長・義昭から離叛し、河内畠山昭高を攻める。
元亀4年(1573)	3月	荒木村重、義昭から離叛し、信長に従う。
	7月	元亀から天正に改元される。
天正元年(1573)	11月	三好義継、河内若江城において自害する。
	12月	久秀父子、信長に降伏し、大和多聞山城を差し出す。
天正2年(1574)	1月	久秀、岐阜に赴く。
	3月	村重、信長の東大寺正倉院蘭奢待切り取りに奉行として同席する。
	11月	村重、摂津伊丹城に入り、地名を有岡と改める。
天正3年(1575)	9月	信長、播磨に村重を派遣し、宗景への支援を行う。

天正7年(1579)	天正6年(1578)	天正5年(1577)	天正4年(1576)
11月　信長、村重および家臣の一族等を処刑する。 9月　村重、有岡城を脱出して摂津尼崎城に入る。	10月　村重、信長を裏切る。信長、村重を慰留しようとする。 5月　吉川元春、上月城攻めの陣中に送られた和歌のことを安芸の僧に伝える。 4月　毛利氏、上月城攻撃を開始する。	12月　秀吉、播磨上月城を落とし、守将として尼子勝久・山中幸盛を入れる。 同　　羽柴秀吉、中国方面軍司令官として播磨姫路城に入る。 10月　久秀父子、信貴山城を攻められ、自害する。 8月　久秀、天王寺から兵を引き払い、信長に敵対して大和信貴山城に籠もる。	5月　同　久秀、佐久間信盛らとともに天王寺の城番となる。 5月　村重、信長より命じられた本願寺攻めにおける先陣を辞退する。

『信長記』に描かれたふたつの悲劇

織田信長の家臣・太田牛一が信長の没後完成させた『信長記』は、信長の事跡を伝えた記録として、きわめて高い信頼性をもっているとされる。『信長記』があるからこそ、ここまで詳しく信長というひとりの人間の足跡や人間性が伝えられ、彼の一生がわたしたちになじみ深いものとなっているのである。

歴史的事実の記録として信頼しうる『信長記』であるが、そのなかにときおり、いくさや政治むきの話とはあまり関係なさそうな、奇妙な挿話がまぎれこんでいることがある。たとえば、信長の上洛以前の記録『信長御入洛無以前の双紙』（いわゆる「首巻」）にある「蛇池」の話や、天正三年のことが記された巻八にある「山中の猿」の話などがそれである。

蛇池とは、尾張のとある池で怪物のような大蛇を目撃した者があり、信長がそれを見きわめるために池浚いを命じ、最終的には自ら刀をくわえて水中に潜り、その不在を確かめた、という話。

山中の猿とは、美濃・近江の国境にある山中という村に、源 義朝の愛妾・常盤御前を殺害した者の子孫が、貧しく不幸せに暮らしていることを通りがかりに知った信長が、彼らに施しを与えたという話である。

虵池のばあい、その地を領していた佐々成政の謀叛の企み（これまた裏切りの話だが、ここでは触れない）をはからずも回避したという後段への伏線となっているので、信長の運の良さを示したいのだろうし、山中の猿のばあい、信長の慈悲深さを称えたいのだろう。つまるところは、信長賛美の話柄なのである。

いっぽうで、愁嘆場とでもいうべき涙を誘う悲劇的な場面もある。その代表が、信長を裏切った松永久秀・久通父子の人質（久秀の孫・久通の子息）が、京都で処刑される場面であり、おなじく信長を裏切った荒木村重の妻たしをはじめとした一族子女が、同様に処刑される場面である。

松永氏のばあい、人質となった子息たちが死の間際に、親兄弟に対し文を書き遺しなさいと勧められたにもかかわらずそれを拒否し、かわりに、預けられた先の者に、これまでの恩を謝した文を記し置き、けなげにあの世へ旅立っていった場面が涙を誘う。

これにつづけて牛一は、「見る人肝を消し、聞く人も涙せきあえず。哀れなる有様」と同情的な筆致で彼らの死を記すが、別の箇所で、この村重のばあい、信長に叛意を示し一族妻子を捨てて居城・有岡（伊丹）から尼崎へれは久秀が東大寺大仏殿を焼き払った悪行の報いであることが語られている。

移ったあと、有岡に残された妻たちら女性たちが詠んだ辞世の歌などが列挙され、彼女たちが処刑される様子に至るまでが念入りに描写されるなど、この事件に対する牛一の関心は異様に高く、その筆先からほとばしる哀しみの深さが見てとれる。『信長記』のなかである意味、浮いているくだりであると言って過言ではない。

もっとも、村重自身に対してもまた牛一は、村重が信長に敵対したのは「天罰を蒙」ったゆえであり、たし以下の子女たちが罪もないのに殺されたのは、村重ひとりのしわざであるときびしく指弾している。

信長の軍記作者である牛一に、ここまでの悲劇を綴らせることになった松永久秀と荒木村重の裏切りは、いかなる状況で起き、彼らがなぜ信長を裏切ることになったのか、ここまでの章で明らかにしてきた、戦国大名による信長裏切りの原因にも注意しながら、本章で考えてみたい。

◉松永久秀と信長の関係

松永久秀は、信長が足利義昭に供奉して上洛する以前に京都を支配していた三好氏の重臣であり、主君の三好氏をしのぐ権力をもっていたともされる人物であった。

この時期、日本に滞在していたイエズス会の宣教師ルイス・フロイスは、彼のこと

「弾正忠松永久秀」
〈月岡芳年『芳年武者无類』／
東京都立図書館所蔵〉

を「偉大にして稀有の天稟の才能の持主」「知識、賢明さ、統治能力において秀でた人物」「はなはだ残酷な暴君」などと表現している（『フロイス日本史』）。

暴君とされたのは、久秀が熱心な法華教徒であったためだという。もともと三好氏の家長である長慶の右筆であったとされており、そこから頭角を現したことを考えれば、久秀はあらゆる面において有能な人物であったのだろう。

永禄七年（一五六四）に長慶が没したのちは、三好氏の中心的存在となったものの、

その跡を継いだ義継や、いわゆる「三好三人衆」と呼ばれた三好氏家臣たち（三好長逸・同宗渭・石成友通）との複雑な権力抗争の過程で、信長に近づくことになる。

谷口克広氏によれば、義昭が最初に上洛を画策した永禄九年八月時点で、すでに久秀と信長のむすびつきが見られるという。大和の国衆・柳生宗厳に信長が初めて出した書状のなかに、すでに信長が久秀と連携していることが書かれている（『柳生文書』信九四号）。久秀は三好氏家臣の時代以来、大和の信貴山城・多聞山城を拠点として、同国に勢威をふるっていた。

翌永禄十年十二月に、信長が奈良・興福寺の在陣衆に宛てた朱印状のなかで、義昭を擁して上洛するにあたり（実際に上洛したのは、後述のように十一年九月のこと）、信長と久秀が協力しあう約束を交わしたので、大和国内において久秀に協力してほしい、と要請をおこなっている（『柳生文書』信八二号）。

谷口氏はこうした信長と久秀の関係について、上洛後に久秀を使って大和を制圧する予定であることを見越しての同盟であり、信長は久秀という人物の利用価値を見抜いていたと指摘する。久秀としても、大和支配や三好氏内部で対立する三人衆への対抗上、信長（さらに義昭）とむすぶことに利があると考えての同盟だったのだろう。上洛直後の永禄十一

年九月、久秀は室広橋氏（公家・広橋国光の妹保子）とのあいだに産まれた娘を、祝言（嫁入り）と称して信長へ遣わした。このことを記す興福寺の僧侶の日記『多聞院日記』には、彼女を「人質」とも表現している。

その直後、久秀は義昭・信長と会し、大和一国の支配権を認められている（ただし牛一が『信長記』とは別に記した『大かうさまくんきのうち』では「やまとのくに（大和国）はんこくくたされ（半国下され）候」とある）。

『信長記』（巻一）には、信長の上洛時、久秀は所持していた茶入の「つくもがみ（九十九髪茄子）」を進上したとある。

このように「人質」や名物茶入の進上といった事例から、信長上洛にあたり久秀は信長に降参したと考えられがちだが、近年、精力的に三好氏の研究を進めている戦国史研究者の天野忠幸氏は、これを事実誤認であるとする。まったくの対等な立場での同盟と言えるかどうかはともかく、天野氏が指摘するように、この時点で信長に久秀が従属したとまでは言えないようである。

信長と同盟する畿内大名として、久秀はかつて自らと袂を分かち、信長と敵対していた三好三人衆と信長との和睦を仲介している（『尋憲記』）。元亀元年（一五七〇）十一月頃のことである。このとき、先に触れた「人質」の久秀娘が信長の養女となって、

三好長治（長慶の甥・阿波三好家の当主）に嫁入りする手はずとなっていたようだ。このことを見ても、久秀と信長の関係は近しい。

ところが元亀二年に入り、久秀は義昭・信長から離叛して三好三人衆とむすび、義昭方の畠山昭高の城である河内・交野城を攻めた。天野氏は、このとき久秀が離叛した原因を、義昭が九条家の娘を養女にして、久秀の大和における敵・筒井順慶に嫁がせたことにあるのではないかと指摘する。この大和における順慶・久秀の対立という状況は、頭に入れておきたい。

その後、三好氏の当主・義継もまた、義昭・信長から離れて久秀らとむすんだ。さらに元亀四年に入って、義昭と信長との対立が顕在化すると、義継・久秀はふたたび義昭方について、信長に敵対する道をえらぶ。

元亀四年五月、信長・家康に敵対して進軍していた武田信玄（ただし、この時点で信玄は没している）に対し、久秀の家臣・岡周防守が書状と弓などを送って、対信長の協力を約した書状が残っている（『武州文書』武一七〇九号・『荒尾家文書』武一七一〇号）。

その後は、ここまで何度か述べてきたように、信玄が没し、信長は義昭を追放して、同朝倉義景と浅井長政を討った。畿内における反信長勢力であった三好義継もまた、同

年十一月に家臣の裏切りにあい、河内・若江城において自害して果てた。

その結果、久秀・久通父子は信長に降伏を申し出る。天正元年（元亀四年）年末のことである。信長は「つらにくき子細」（見るからに憎らしいこと）だが、今回は久秀らの詫びを受け入れることにし、久通の子を人質に出し、さらに多聞山城を差し出して、久通は信貴山城に入るという条件で、彼らを許した（『大阪銀装文明堂所蔵文書』信補遺三五号）。久秀は岐阜に赴き、不動国行なる銘刀を信長に進上した（『多聞院日記』・『信長記』巻六）。

これで久秀・久通父子は完全に信長の軍門に降り、以後、従属を余儀なくされたわけだが、信長が彼らを生かしたのは、そもそも敵対した直接の相手が義昭であり、信長を裏切ったわけではなかったからだろうか。

自らを裏切った人間には容赦しない信長だが、今回のばあいは、久秀の利用価値というよりも、敵対に至る経緯が許せるものであったからなのかもしれない。

久秀再度の離叛とその原因

その後、久秀・久通は大和守護に任ぜられた塙（原田）直政らとともに、天正四年五月に本願寺を攻撃したあと、大和十市郷のうち三分の一を信長から与えられ、また、

佐久間信盛らとともに天王寺の城番として置かれるなど、信長麾下の一部将として活動する。

しかし、それも長くはつづかなかった。翌天正五年の八月、在番として置かれていた天王寺の砦から勝手に兵を引き払って、居城の大和・信貴山城に籠城し、信長に背いたのである。

『信長記』（巻十、次頁図版▼の行）によれば、信長は松井友閑を使者として、「何篇の子細候や。存分申し上げ候わば、望みを仰せ付けらるべきの趣」（どんな事情があるのか、そちらの存分を申し上げれば、望むことを仰せ付けよう）と久秀らに伝えたところ、すでに逆心を固めていたので、返答がなかったという。そこで本章の冒頭に述べたような、人質にしていた久通子息の処刑に至る。

信長に信貴山城を攻められ、久秀父子が壮絶な自害を果たしたのは、天正五年十月十日のことだった。この日は、かつて久秀が東大寺大仏殿を焼き払ったのとおなじ日であり、牛一は「大仏殿炎焼の月日時刻易らざる事、偏に春日明神の所為なりと諸人舌を巻く事」と記している（『信長記』）。興福寺の僧侶は、久秀が大和に入国してから悪逆の限りを尽くしたありさまを記し、信貴山城の落城を喜んでいる（『多聞院日記』）。

『信長公記・巻十』久秀裏切りの場面〈建勲神社（京都市）所蔵〉

右の久秀裏切りの場面で注目した
いのは、裏切りの報を聞いても、信
長はすぐさま彼らを攻撃するといっ
た行動に移ることなく、いったんは
彼らの言い分に耳を傾けようとして
いることである。望みがあればそれ
を叶えよう、とまで言っている。裏
切り者に容赦しない酷烈な一面とは、
また違った信長の姿である。

結局、久秀父子が信長を裏切った
のには、どんな理由があったのだろ
うか。

これもまた天野氏の指摘であるが、
大和における筒井順慶の重用という、
久秀が反発した義昭の路線を、信長
も継承したためではないかという。

　信長は天正三年二月に、娘か妹かとされる女性を順慶のもとへ嫁（とつ）がせ、姻戚関係（いんせき）をむすんだ（『多聞院日記』）。こうした信長の「不可解な人事（ちょうりゃく）」に不満を募らせていたところに、本願寺や義昭からの調略を受け、久秀は離叛を決断したのではないかというのである。

　それぞれの地域で対立する領主たちの思惑（おもわく）などを信長はさして気づかうことなく、平気で対立する双方と同盟をむすんだりすることにより、結果的に領主の離叛をまねくという構図は、前章で見た、備作地域における浦上宗景（むねかげ）と毛利氏の事例によく似ており、右の天野氏の推測は成り立ちうるのではないかと思っている。

　大和において信長は、それまでの領主である松永氏のみならず、興福寺の有力宗徒（しゅうと）としてこれと対立していた筒井氏とも密接なつながりをもった。そればかりか、子飼（こが）いの家臣である塙直政を守護として送りこむことまでしている。

　『信長記』に記される、久秀離叛を知った信長の反応を見ても、松永氏をわざとないがしろに扱って離叛させようとしむけたようには思えない。それぞれの地域情勢を度（ど）外視して事を進めようとする姿勢に無理があり、その地を支配する領主それぞれに対する配慮が不十分であった、と言わざるをえないのである。

◉信長家臣としての荒木村重

それでは、久秀自害の約一年後にあたる天正六年十月に信長を裏切った荒木村重の
ばあいはどうなのだろうか。次に見てゆきたい。

もともと村重は、摂津の池田城に拠った国衆・池田勝正に属する武士であった。勝
正はもともと三好氏に仕え、義昭・信長の上洛当初はこれに抵抗したものの、すぐに
開城して降り、その後は義昭に従った。

村重も勝正家臣として義昭・信長方の一員として活動し、三好三人衆とのいくさに
くわわっている（《信長記》巻二）。その後、勝正は一族の内紛などにより出奔するな
ど立場は不安定であり、のち義昭にふたたび仕えることになったようだが、村重は池
田氏を離れ、元亀四年における義昭・信長の対立のさい、幕臣であった細川藤孝と一
緒に信長方につく道をえらんだ。

その年三月に信長が上洛してきたとき、村重・藤孝の両人は逢坂に馳せ参じ、これ
を迎えた。ふたりの帰参を喜んだ信長は、村重に「大ごう」（越中の刀工・郷義弘作）
の刀を授けたという（《信長記》巻六）。

その後、彼は天正二年に摂津・伊丹城を落として同城に入り、ここを「有岡」とあ
らためて自身の本拠とし（《細川家文書》『年代記抄節』ほか）、信長から同国の支配を

委ねられた。

同年三月に信長が奈良を訪れ、東大寺正倉院に収める御物である名香・蘭奢待を切り取ったとき、「御奉行」として連なった信長重臣たちのなかにも、その名前が見える。信長に従って間もないにもかかわらず、このように優遇されるのだから、松永久秀と同様、有能な人物であったことがうかがわれる。

谷口克広氏は、右のように摂津一国を任される立場にあったことにくわえ、イエズス会宣教師が「信長部下の大身の一人」「収入及び所領多く甚だ強勢なる異教徒」と称していることを紹介し、「柴田勝家ら信長重臣の当時の支配圏と比べても、勝ると劣らない勢力」であったと評している。

摂津を支配したということもあって、織田氏のなかで、隣国の播磨や、それ以西の案件に対処する役割もあったようである。第四章で述べたように、天正三年十月頃には、居城の備前・天神山城を追われた浦上宗景のため、宇喜多氏の端城を攻略して播磨国内に拠点を構築してあげたり、播磨の国衆から人質を集めたりするなどの任務をおこなっている。

天正三年末に一時、信長と和睦していた大坂本願寺が、翌四年ふたたび叛旗を翻し、その後、毛利氏が本願寺に味方し信長に敵対して以降は、対本願寺、対播磨の軍事行

「荒木摂津守村重」
〈落合芳幾『太平記英勇伝』／
東京都立図書館所蔵〉

動や外交折衝も村重が担当している。

たとえば、信長に従っていた播磨・御着城主の小寺政職が、天正五年五月に毛利軍と同国英賀に戦い、これを破ったとき、信長は政職の戦功を賞した内容の黒印状を村重宛に出し、村重はそれを受けて、政職の家臣・小寺官兵衛尉（黒田孝高）へ伝達している（『黒田文書』信七一四号）。これら一連の経緯を見ると、小寺氏は戦果の注状をまず村重に対して送り、村重は安土城において、信長にこれを報告したらしい。

その後、同年十月に羽柴秀吉が中国担当の将として播磨・姫路城に入ることになる
が、それまでは村重が、その役割を担っていたのである。

◉ 村重離叛の真相

村重が負っていた役割を果たすべく、秀吉が中国担当（谷口氏の表現を借りれば中国
方面軍司令官）となり姫路に入る。村重裏切りの原因を考えるとき、やはりこの一件
をまったく関係のないものと無視することは、できないのではあるまいか。

谷口氏は、村重裏切りの原因に関するこれまでの説を三つ紹介している。

第一に、村重過失説。家臣が本願寺に兵粮を売ったことで、村重が信長から嫌疑を
受けたという。第二に、光秀陰謀説。光秀が自分の謀叛計画のなかで、邪魔になる村
重を背負わせて、葬り去ろうとしたという。第三に村重が、信長に従っているより毛利
氏についていたほうが自分を活かせるとふんで一か八かの賭けに出た、という徳富蘇峰の
説である。

このなかで谷口氏は、真相は第三の説に近いのではないかとし、中国方面軍司令官
などの座を秀吉に奪われ、信長家臣としての将来に失望したのが原因ではないかと推
測する。

先に松永久秀裏切りの原因についての説を紹介した天野忠幸氏もこれに近く、村重の離叛も久秀裏切りに通底し、秀吉登用という信長の「不可解な人事」が、それをまねいたと指摘する。

いわば信長の家臣統制のあり方に難があり、それが原因で村重が裏切ったという可能性が浮上してきた。天正五年十月における秀吉の姫路入りから、翌六年十月の村重裏切りまで一年という時間がある。この間いかなることがあったのかをもう少し眺めてみたい。

播磨経略を任され十月二十三日に出陣した秀吉は、播磨の国衆たちから人質を集め、十一月十日頃には播磨平定が一段落するだろうと信長に注進している。その十一月に入ると、播磨佐用郡にある毛利方の赤松氏の城上月城への攻撃に取りかかった。赤松氏支援に駆けつけてきた宇喜多氏の軍勢を破り、十二月に落城させている。その後、同城の守将として尼子勝久・山中幸盛らが置かれた（『信長記』巻十）。

ところが、年が明けた翌天正六年四月、毛利氏の軍勢が大軍をもって上月城を取り囲み、攻撃を開始したのである。これに対して信長は、支援のため秀吉にくわえ村重も派遣し、ふたりが率いた軍勢は、熊見川（現在の千種川）を挟んで東に位置する高倉山に布陣したものの、谷を隔てての対陣であったため有効な手が打てず、孤立無援

の上月城は七月に落城した。

谷口氏は、村重がすでにこの出陣のとき毛利氏に内通していたのではないかという興味深い推測をしている。その根拠として「信頼の限りではないが」と限定つきで挙げているのが、軍記『陰徳（太平）記』である。六月に毛利軍と戦ったとき、村重は横合いから攻撃する好機があったにもかかわらず傍観していた。これは村重に「存ずる旨」があったからなのだろうというのである。

◉ 皮肉られる村重

『陰徳記』は後世に成立した軍記であり、谷口氏も全幅の信頼を置いていないものであるから深入りはしないが、いまひとつ谷口氏が有力な根拠として挙げているのは、このとき毛利軍の上月城攻めに参加していた吉川元春の嫡男・元長が、吉川氏の菩提寺である安芸・西禅寺の住持に宛てた（天正六年）五月晦日付の自筆書状である（『吉川家文書別集　西禅永興両寺旧蔵文書』八二号）。この文書は面白いので以下検討してみよう。

このなかで元長は、上月城内には勝久や幸盛らがおり、水や兵粮が尽きていること、敵陣には秀吉・村重らがいるといった情報を伝えたあと、次の二首の和歌を書き記し

以徹宛吉川元長自筆書状

〈『西禅永興両寺旧蔵文書』吉川史料館（岩国市）所蔵〉

ている（上図版▲の行）。

　あら木ゆみはりまのかたへおしよせ
ているもいられす引もひかれす
なにしおふさよの朝霧たちこもり心
ほそくもしかやなく覧

　谷口氏は「あら木ゆみ」の歌を取りあ
げ、これが「すでに毛利氏に内通してい
る村重の立場を皮肉った歌と解釈するの
は無理でなく、むしろ自然」とする。し
かし、この歌のくだりには前段がある。

　書状によれば、元長はこの歌を某人か
ら聞いたとして、「勢州瀧河と申す者佐
間両人の所より羽筑・荒木所へ」届けら
れた歌だというのである。ここに登場す

る瀧河とは、信長家臣・滝川一益（かずます）のことだろう。「佐間」とは、佐久間（さくま）信盛（のぶもり）を指すのではないだろうか。

つまり、この歌は上月城支援に手をこまねいている秀吉・村重両人を、織田家中の同輩である一益・信盛が揶揄（やゆ）した歌としているのは村重一人である。

ただし歌をよく読むと、「あら木ゆみ」の歌が標的にしているのは村重一人である。

「あら木（の）弓」とは荒木（加工していない木）で作った弓、丸木弓（まるきゆみ）、強弓（つよゆみ）を意味する語であり、村重の率いた軍勢をも指すのだろう。「はりま」は播磨と弓を張ること、「引」はいくさの駆け引き（もしくは兵を引くこと）と弓を引くことに掛けた、まことによくできた歌である。

後者の「なにしおふ」の歌は、説明するまでもなく、来援がなく困惑する山中鹿之助（らいえん）と、立ちこめた朝霧に心細く鳴く鹿をかけた歌であろう。佐用町のホームページによれば、同町は周囲を山に囲まれた盆地にあり、晩秋から冬にかけての早朝に出現する霧は、「佐用の朝霧」として、現在も観光の目玉となっている。

右の二首の歌を見ると、皮肉られているのが村重だけであることが気にかかる。そもそも村重は、いくさ上手だったのだろうか。

ひとつ気になるのは、『信長記』（巻九）に見える、天正四年五月に信長軍が大坂本

願寺を攻撃したときの挿話である。信長は、村重に先陣を命じた。ところが村重は、

「われわれは木津口の抑えを担当します」といって、命令を辞退した。信長は後日、このとき村重に先陣をさせなくてよかったと語ったという。

信長の軍令を拒むとは大それたふるまいだと思ってしまうが、この信長の述懐が、どの時点でなされたものかわからない。右の上月城攻めの様子を知ると、なるほど村重には本願寺攻めの先陣は荷が重かったか（先陣を務める将たる器ではなかったか）、と信長が皮肉まじりに納得したようにも解せる。

ここからあえて想像を逞しくすれば、上月城支援の責任者は秀吉・村重ふたりであったにもかかわらず、うまくゆかないことを皮肉られたのは、いくさが必ずしも得手ではない村重だけだった。しかも、歌を送ってよこしたのが信長重臣の滝川一益・佐久間信盛となれば、屈辱以外の何ものでもないだろう。このときの不満もあったので

は、と考えるのはうがち過ぎだろうか。

いずれにしても、中国経略をめぐる信長の方針に対する不信感や、織田氏家中における自身の立場への不満が、村重裏切りの原因であった可能性は高い。天野氏が指摘する久秀裏切りに通ずる、信長の家臣統制の拙さがあったようである。

● 信長、村重を慰留する

松永久秀につづき、荒木村重にも裏切られた信長だが、じつは天正六年十月に村重裏切りを知ったときにも、久秀のときとおなじく、すぐに信じようとはしなかった。

これまた『信長記』（巻十一）によれば、次のような次第である。

信長のもとに、村重が逆心を企てているという知らせが、方々から届けられた。疑わしく思った信長は、「何の不足があるのか。考えを申し上げればそのように命じよう」と、松井友閑・惟任（明智）光秀・万見仙千代を介して村重に伝えたところ、村重からは「少しも野心をもっていません」と返事をしてきた。

これを聞いて信長は喜び安心し、人質として母親を差し出し、問題なければ出仕してきなさいと命じたものの、結局、村重は謀叛を構えたため参上しなかった。このため信長は村重討伐の兵を出した、というのである。

家臣謀叛の知らせを聞いても、すぐには信用せず、いったん本人に直接確認しようとする。そのときに相手に伝えることばは、「不足があったら言いなさい。聞いてやるから」というもので、けっして高飛車に怒鳴りつけるのではない。

この点、久秀にも村重にも、おなじ対応をしている。藤本正行氏も「信長には、このように話し合いで解決しようとした例が、案外に多い」と、すでに指摘していると

荒木村重・村次宛織田信長書状
〈『益田家文書』東京大学史料編纂所所蔵〉

ころである。村重のばあい、このときに出されたとみられる信長の書状が、『益田家文書』（東京大学史料編纂所所蔵）のなかに伝わっている。短いものなので読み下しにして、以下に全文を紹介しよう。

　　早々出頭もっともに候。待ち覚え候。

　そこもと様躰言語道断是非なく候。存分の通り両人に申し含め候。かしく。

誠天下の面目を失う事どもに候。

　宛名は「つのかミ殿（荒木摂津守村重）・新五郎殿（村重嫡男　荒木村次）」。

「そちらの様子は言語道断で、考えもおよばないことである。まことに天下の面

目を失う事態となった。自分の考えは、使者の二人に申し含めておいた。(以下、冒頭の部分) 早々に出頭されたい。待っている」、こんなふうに解釈することができるだろうか。

まことに素っ気ない文面で日付もなく、これだけでは何とも理解しがたいのだが、村重父子の宛名や「言語道断」「天下の面目を失う」といった文言に、先の『信長記』の記事を合わせれば、村重裏切りを知った信長が、事情を聞くため出仕を求めた書状であると判断される。

しかも興味深いのは、これが信長自筆である可能性が高いことだ。

現在、確実に信長自筆の書状とされているのは、『細川家文書』に伝わる (天正五年) 十月二日付の長岡 (細川) 忠興宛書状ただ一点である (信七三八号)。添えられている同日付の堀秀政書状中に、「御自筆の御書を成された」とあるから、おなじ日付で伝わった文書が、信長自筆と判断されるわけである。この書状もまた、忠興のいくさでの手柄を賞した、きわめて素っ気ない文面である。

村重父子宛の書状は、滋賀県立安土城考古博物館編『信長文書の世界』でも自筆かとされ周知のものであるが、『細川家文書』の自筆書状と比べても、筆跡や筆づかい (大ぶりで筆の腹で書いたような太い線) が共通する。このように、信長は自ら筆を執

って、村重裏切りの真意を確かめようとしていたのである。

家臣の裏切りに対し信長は…

家臣の裏切りにあった信長の対応について、やや後年の史料になるが、もうひとつ紹介しておきたいものがある。

近江・浅井氏の一族で、豊臣秀頼に仕えて片桐且元に属し、晩年の江戸時代初期に大坂の陣の頃を回顧した記録を残した、浅井一政という人物がいる。

彼の記録『浅井一政自記』（尊経閣文庫所蔵）は、大坂の陣について研究を進めている堀智博氏によれば、大坂の陣の十年から二十年後に書かれたと推測されるのだが、冬の陣に突入する直前の大坂城内の動きについて、こんなことが書かれている。

慶長十九年（一六一四）九月頃、徳川方に通じているため成敗されるという噂を聞きつけ、片桐且元は大坂城に出仕してこなかった。これに対して秀頼は、一政たちにどう対処すればいいかを訊ねたところ、一政は、側近少々を召し連れて且元のところへいらっしゃり、説得されるのがよろしいのでは、と助言した。そこで一政は、次のように信長の例を引き合いに出した。「昔信長様おとなむほんを仕る時、か様に成され
たる由承り及び候」。

つまり、「昔、信長様の宿老（しゅくろう）が謀叛を起こしたとき、（信長様も）このようになさったという話を聞き及んでおります」というのである。

信長に対し謀叛を企てた家臣として思い浮かぶのは、本章で取り上げた松永久秀・荒木村重、そして明智光秀である。光秀のばあいは論外だし、久秀・村重のばあいにせよ、信長が直接彼らのもとを訪れて説得したという事実は確認されないから、一政の知っている信長の逸話（いつわ）が、事実を正しく伝えているわけではないのかもしれない。

ただ、ほぼ同時代に、家臣の謀叛に遭遇した信長の行動が、このように伝えられていることは注目してよいかもしれない。直接説得するのではないにしても、信長がいったんは相手の言い分に耳を傾けようとしていることは、『信長記』ほかの史料によって明らかなのだから、そのことが、一政が聞いたような話に変形したとも考えられるのである。

裏切りをはっきりと確かめてからの信長の行動は、容赦ない酷烈（こくれつ）なものであった。浅井長政嫡男の処刑や長政らの頭蓋骨の薄濃（はくだみ）、武田信玄・勝頼父子への強い憎悪については、すでに触れたところである。

上杉謙信に対しても、いったん敵対してからは許すことはなかった。謙信死すという情報を得た信長は、これを好機とみて、当時帯びていた官職である右大臣・右大将

を辞し、周囲の敵対勢力との戦いに専念したいと述べているほどである。そして信長は謙信没後もなお上杉氏と戦いつづけ、本能寺の変時点では、柴田勝家率いる軍勢が越中の魚津城（うおづ）を陥れ（おとしい）、上杉氏に対し滅亡あと一歩のところまで追いつめようとしていた。

ただし、裏切りに対して、最初の情報だけでは信じようとせず、それが事実かどうかを確かめる慎重さを持っていたことや、本章で見たように、家臣たちに対していったんは慰留（いりゅう）しようとしている姿勢は、記憶にとどめておきたいところだ。

また、そもそも相手が裏切るとははなから思っていないような態度も印象に残る。光秀の裏切りを知った信長の姿に共通性は見られるのだろうか。いよいよ次章においてそれを考えてみよう。

第六章

明智光秀——裏切りの総決算

第6章／略年表

天正6年（1578）	10月	信長、長宗我部元親嫡男弥三郎に「信」の字を与える。
天正8年（1580）		元親、南伊予に侵入する。
天正10年（1582）	3月	信長、武田勝頼を討つ。
	4月21日	信長、安土城に帰る。
	5月7日	信長、三男信孝を、三好康長に阿波を与え、四国攻めを命じる。
	5月15日	家康・穴山梅雪、安土をおとずれる。明智光秀、彼らをもてなす。
	5月17日	信長、中国攻め支援を命ぜられ、居城近江坂本に下る。
	5月19日	安土城において家康らを迎える宴が催される。
	5月20日	同上
	5月21日	元親、斎藤利三に信長への恭順の意を伝える書状を出す。
	5月26日	光秀、坂本城から丹波亀山城に入る。
	5月27日	光秀、愛宕山に参籠し、籤を取る。
	5月28日	光秀ら、愛宕山西坊において連歌を行う（愛宕百韻）。
	5月29日	光秀、亀山城に帰る。
	6月1日	信長、安土より上洛する。
	同	光秀、家臣たちに謀叛の意志を告げ、軍勢を移動する。
	6月2日	夜、光秀、本能寺において信長を襲い、これを討つ。

●裏切りの成功例としての本能寺の変

第一章から第五章まで、信長を裏切った人物を、裏切った時間順にならべ、それぞれについて、友好関係にあった時期から裏切りに至るまでをたどり、最後に信長が彼らに裏切られた理由を考える、という筋道で述べてきた。

本章が対象とする明智光秀（天正三年七月より惟任を名乗るが、ここでは明智で統一する）は、言うまでもないことであるが、信長を裏切った最後の人物であり、信長を殺害したという意味で、裏切りに唯一成功した人物である。

なぜ光秀は、信長を裏切ったのか。これは日本の歴史上、最大の謎のひとつとして、これまで専門家や小説家にかぎらず、さまざまな人びとにより、さまざまな説が提起され、いまだ腑に落ちる答えが出されないままになっている。

ある人に言わせれば、「日本史のなかで、邪馬台国の謎と、本能寺の変の謎だけは、誰がどんなふうに言っても許される」のだそうだ。それだけ、真相は解けずに藪の中にあり、よほど突飛な説でないかぎり（たとえ突飛な説であっても文句を言いながら）受け入れる素地ができているのだろう。

とはいえ、信長について研究している専門家のはしくれとしては、何を言ってもいいと許されるから、裏づけのない大風呂敷をむやみに広げようとは思っていない。

もとより本書の目的は〝本能寺の変の謎解き〟でもない、と言い切ってしまうのは多少嘘になるか。ここまで、できるかぎり新しい研究を参照しながら、信長を裏切った人物と信長との関係を考え、〝なぜ信長は裏切られたのか〟を考えてきた。その背後に、本能寺の変に対する関心も、もちろんあったからだ。

だから、ここまでの叙述のなかで浮かんできた〝裏切られ〟の理由に、光秀のそれと共通する点がないかどうかを探ることで、従来とはやや違った道筋から、この謎に近づけるのではないかとは思っている。

そこで本章は、同盟・臣従から裏切りへと、時間の流れを追って述べてきた以前の章とは逆の構成をとりたい。なぜ光秀は信長を裏切ったのか、という結論にあたる部分を先に述べることにする。

まずは『信長記』（巻十五）によりながら、本能寺の変前後の信長・光秀の行動と、事件の経緯をごくごく簡単に見てゆこう。

天正十年（一五八二）三月に武田勝頼を討った信長は、四月二十一日に安土へ戻った。武田攻めには光秀も従軍している。武田氏の旧領であった駿河・遠江の両国が、徳川家康の領国として与えられるにあたり、家康と、武田氏を裏切った穴山梅雪らが御礼のため安土を訪れることになり、彼らは五月十五日に到着した。

織田信長像
〈長興寺（豊田市）所蔵〉

信長はそれから十七日までの三日間、安土に滞在する家康らのもてなしを光秀に命じている。光秀は京都や堺より珍しい物を取り寄せ、たいそう意を尽くした接待だったという。

そこに、備中・高松城攻めにあたっていた羽柴秀吉から信長に対し、支援の要請が届いた。信長は、光秀以下に先陣として出陣することを命じ、光秀は十七日に安土から居城の近江・坂本城に帰って、出陣の準備をおこなった。安土城に家康らを迎えて

の盛大な宴は十九日・二十日と催されている。

さて、光秀は二十六日に坂本を発ち、もうひとつの居城である丹波・亀山城に入った。翌二十七日に愛宕山に参詣して一夜参籠し、神前にて二度三度、籤を取ったという。二十八日には、西坊において連歌を興行した。有名な「ときは今あめが下知る五月哉」の発句を詠んだのが、このときである。

明智光秀画像[伝]
〈東京大学史料編纂所所蔵模写〉

光秀は、その日のうちに亀山に戻った。信長は二十九日に上洛したが、召し連れていたのは小姓二、三十人ほどであった。ほかの武将たちは、出陣の用意をして指図があり次第、出立するようにと命ぜられていたため、少人数での入洛となったのである。

天正十年五月は小の月なので、二十九日の翌日が六月一日である。その一日の夜、光秀は亀山において謀叛の考えを重臣たちに告げたのち、中国方面に向かわずに、兵を東の京都へと動かした。桂川を渡って京都に入ったのは、（二日の）明け方頃だったという。

光秀の軍勢が、信長の京都における御座所である本能寺を取り囲み、寺内に乱入した。信長も小姓衆も、最初は下々の者たちの喧嘩かと思っていたところ、鬨の声を挙げて鉄炮を放っているので、すぐそうでないことに気づいた。

信長は「これは謀叛か。いかなる者の企てぞ」と問うたところ、従っていた森蘭丸が「明智が者と見え申し候」と答えた。すると信長は「是非に及ばず」と口にし（原文は「不及是非と上意候」、次々頁図版▼の行）、弓や鑓を取って敵勢に立ち向かった。

その後はご存じのとおりだから、説明しなくてもよいだろう。

●「是非に及ばず」の真意

『信長記』著者の太田牛一は、この場に居合わせたわけではない。自筆本のひとつ池田家本によれば、本能寺から逃れた女性たちから、その場の様子を取材したことがうかがわれ、事件の状況が、すこぶる臨場感をもって描写されている。

もっとも、右の信長と蘭丸のやりとりまで、そのままだったとは言えないだろう。牛一の筆でもって、その場面が再現されていると考えるのが穏当である。

実際、浅井長政の裏切りを知ったときにも、信長は「是非に及ばず」と、ことばを発したという。第一章ではこれを「いまは考えている余裕はない」といった意味に解したが、光秀の謀叛を知った信長が発した（という）「是非に及ばず」も、似たような意味合いだったのではあるまいか。

「是非に及ばず」の用例を検討した藤本正行氏も、「事態が明らかになった以上、是非を論じている場合ではない。もはや行動あるのみ」と解釈している。

ただ、ひとつ気になることがある。第五章で、荒木村重の裏切りを知り、彼らの真意を問いただすべく認めた書状に、「言語道断是非なく候」とあることだ。これを自筆書状としてよければ、正真正銘信長が発したことばと言うことができる。

辞書を見ると「是非なし」は、「是非に及ばず」とは別に項目が立てられており、

『信長公記・巻十五』本能寺の変の場面
〈建勲神社（京都市）所蔵〉

「善悪にかかわらない。よいわる
いの判断を持たない」「しかたが
ない。やむを得ない」「当然であ
る」のような意味がある（『日本
国語大辞典第二版』）。「しかたがな
い。やむを得ない」というあたり
は「是非に及ばず」の語釈と共通
している。「是非に及ばず」「是非
なし」は、ほぼ似た意味ととらえ
てよいのではあるまいか。

村重父子宛書状の「是非なし」
を、右の語釈に当てはめれば、
「よいわるいの判断を持たない」
が最も近いだろうか。これも究極
的には「（よいわるいの判断以前
に）考えるまでもない」というこ

とになろう。やや軽くなってしまうが、現在わたしたちが（あまり嬉しくない事態に直面して）驚いたとき、咄嗟に口に出る「考えらんない」という感嘆詞が近いのではないか。

信長外交の過ちと〝四国説〟

ここまで〝裏切られ〟の理由について、信長に「外交の手ぬるさ・不器用さ」があったと指摘してきた。

信長と個々に同盟している相手同士の敵対という状況があるにもかかわらず、現状に配慮せずに一本調子で、彼らの和睦を推し進めようとしたこと（信玄・謙信の例）、現地における対立的状況を無視して、一方だけ、あるいは双方ともに肩入れすること（久秀・輝元の例）、信長と相手の支配地の境目に位置する領域にある勢力に対する、無配慮な支援・介入（信玄・謙信・輝元の例）などが挙げられる。

そうした外交における信長の過ちは、光秀裏切りの理由とむすびつくだろうか。そう言われてみると、たしかに思いあたるふしがある。近年、本能寺の変の原因として注目されている、いわゆる〝四国説〟についてである。

信長はもともと、四国土佐の大名・長宗我部元親と友好関係をもっていた。友好関

係というよりも、元親が信長に従属していたとみなしてよい。天正六年十月には元親は、嫡子・弥三郎に信長の諱の一字「信」をもらい受け、「信親」と名乗らせているからである。そして、この両者を取り次いでいたのが光秀であり、彼の家臣・斎藤利三であった（『土佐国蠹簡集』信五七三号・『石谷家文書』）。

斎藤利三の実兄は、室町幕府の奉公衆・石谷光政の養子となり、頼辰と名乗った。光政の娘（頼辰の義理の妹）が、元親のもとに身を寄せ、いっぽう、頼辰は光秀に仕えたと言われている。その縁で光秀は、元親・石谷家・斎藤家・長宗我部家は、以上のようなむすびつきがあり、その関係を前提にして光秀が、信長と元親の通交を媒介していたのである。

信長に従属した元親は、信長から「四国は、元親の手柄次第に切り取ってよい」という朱印状を得ていたと言われている（『〈長宗我部〉元親記』）。元親の実力で手に入れた領域の支配を認めるというのである。

この朱印状は残っていないので、実際、ふたりにどんな約束が交わされていたのかは明らかではないものの、四国戦国史の研究者である中脇聖氏によれば、信長にとっては敵対していた阿波三好氏を牽制するために、元親との同盟は有効であり、元親にとっても伊予侵攻にあたり、警戒すべき毛利氏への対抗策として、信長とむすぶこと

に意味があったという。

● 長宗我部氏を"裏切る"信長

こうした両者の関係に変化がおとずれたのは、天正八年（一五八〇）のこととされる。おなじく四国戦国史の研究者である平井上総氏は、この頃、元親が南伊予に侵入する動きがみられると指摘している。南伊予には、信長とつながりをもった領主・西園寺氏がおり、いわば織田氏とむすんでいる領主同士の敵対という状況が発生したことになる。

さらに信長は、天正三年から臣従していた阿波三好氏出身の三好康長に、阿波・讃岐攻略を任せ、いっぽうで、羽柴秀吉を中心に中国地方経略を任せて、淡路をも手中に収めた。三好康長の影響力が四国に及ぶことにより、長宗我部氏が四国における織田派の中心だからこそ従ってきた讃岐・阿波・伊予の領主たちが離叛する可能性があり、土佐国外の長宗我部氏勢力圏が動揺することを、元親は恐れたのではないかと平井氏は推測する。

南伊予や三好氏の問題により、織田氏と長宗我部氏の同盟関係に、暗雲が立ちこめたのである。

これも『元親記』に見える記事だが、元親の「手柄次第」とされていた四国について、その後に信長は先の朱印状を反故にし、伊予・讃岐は信長が支配し、元親には土佐にくわえ阿波南部半国を与える、という方針転換をおこなったという。

当然、これに元親は納得しない。「四国のことは、自分自身の手柄によって手に入れたのであり、信長卿からの御恩を受けたものではない。考えもしなかった命令である」と、これを拒絶した。光秀から利三や頼辰が使者として派遣され、説得にあたったものの、元親はやはり受け入れなかったという。

天正十年に武田氏を討った信長は、実際、次に四国へと目を向けた。本能寺の変の約一か月前にあたる五月七日付で、三男の信孝に与えた朱印状において、信孝以下に四国攻めを命じている。そのうえで、讃岐を信孝に、阿波を三好康長に与え、残る伊予・土佐両国は、信長が淡路に出馬したときに決定する、というのである（「寺尾菊子氏所蔵文書」信一〇五二号）。

近年公開され話題となった『石谷家文書』に含まれる、五月二十一日付の利三宛元親書状によれば、信長から届けられた「御朱印」（平井氏は、これを讃岐・阿波を差し出せという命令だと推測する）に応じて讃岐・阿波から兵を撤退させるものの、土佐支配を安定的におこなうため、国境付近にある阿波の海部・大西両城の支配だけは許し

てほしい、と懇願している。

この日付は本能寺の変の十日前にあたり、光秀に従って信長に叛旗を翻した利三の手もとに届いたかどうかはわからないものの、少なくとも元親は、本能寺の変直前の時点において、信長に恭順する姿勢を見せていたことがわかる。

このように、当事者である元親が直接、信長を裏切ったわけではない。ただ、彼と親密な関係にあった光秀や利三が、この措置に納得したかどうかはわからない。実際、彼らは信長に叛旗を翻したのだから、このときの信長の四国に対する政策変更が、そこに利害関係をもっていた彼らを動かしたのではないか、と考える強い根拠にはなりうる。

四国政策の転換について興味深いのは、このばあい信長から約束を違えたことだ。これまで見てきたとおり、信長は同盟相手に裏切られるという、受動的な立場であることが多かったが、ここまでの経緯によれば、長宗我部氏に対しては、一方的に同盟関係に背いている。

そうした信長の、いままで見られなかったような背信行為を目の当たりにした織田・長宗我部同盟の関係者である光秀（および利三）は、それが許せなかったと考えることもできる。

以上の考え方は、あくまでこれまでの信長の〝裏切られ〟の理由が本能寺の変にも共通性をもっているならば、という仮定のもと、それであれば、対長宗我部氏の外交、四国をめぐる外交の問題が共通するということで挙げたにすぎない。

光秀謀叛には、独自の理由が別に存在する可能性を否定はしないけれども、現実に起こった似たような事例を積み重ねて帰納的に考えてみたら、四国の問題を原因とする蓋然性（がいぜんせい）が高い、という結論に達したまでである。

◉信長の油断

次に、これは〝裏切られ〟の理由ではなく、裏切られたときの状況に関する共通点になる。信長は、光秀の裏切りをまったく予期していなかった、ということである。

たとえば、信玄の裏切りに遭遇したときの反応を見れば、それがいかに寝耳に水だったかがわかるし、浅井長政・松永久秀・荒木村重らの裏切りを知ったときには、はじめは信じようとしなかった。信長の顔色が史料からわかるわけではないが、謙信・輝元のときも、似たような状況だったのではあるまいか。そして、それは光秀のばあいにも、ある程度は共通すると言えよう。

光秀が信長襲撃に成功した要因のひとつに、信長が率いて本能寺に宿していた手勢

の少なさがあることは知られている。先に述べたように、『信長記』には小姓二、三十人を引き連れただけで本能寺に入ったとある。

本能寺の変から約六十年後に、光秀襲撃軍の末端にくわわっていた一人の武士が、当時を回想して記した『本城惣右衛門覚書』という記録がある。それによれば、惣右衛門がくわわった部隊が入った寺の門は開いており、鼠ほどなる物すらいなかった、つまり、それほど静かだったということだろう。さらに、お堂の表には広間に人ひとりおらず、閑散としていた様子が記されている。

信長出陣の目的は、毛利氏と対峙している秀吉の支援であり、そのための軍事力としては、光秀が率いる軍勢を主軸にして、各自準備をして向かうように指示していたので、自らの手勢として大軍を率いる必要はなかった。

もちろん京都には嫡男・信忠と、彼が率いる尾張・美濃衆も駐留していたはずである。彼の麾下にあって、信忠が籠もった二条御所にて討死した武士のひとりに、斎藤道三の子とされる斎藤利治がいた。

彼の子孫は江戸時代、岡山藩・池田家に仕えており、藩に提出した由緒書によれば、このとき利治は稲葉氏らと「京辺稲荷同所」にいたという（『岡山藩家中諸士家譜五音寄』）。京都に軍勢が駐留するとき、麾下の武士たちは、このように分散して宿してい

た。

軍勢が京都にとどまるときに、こうした寄宿の方法をとる、つまり集合にある程度の時間がかかることは、光秀も熟知していただろう。また、あとで述べるように、出陣直前まで信長の側にいた光秀は、信長がわずかな供回しか連れずに京都に入ったこともわかっていたはずだ。

いっぽう光秀は、秀吉支援のため畿内の軍勢を動かすことができた。この軍勢をもって襲撃すれば信長はひとたまりもない、という筋書きは頭に描くことができただろう。

秀吉は備中において毛利氏と、柴田勝家は越中において上杉氏と対峙していた。かつて畿内を中心とした地域の人びとを与力として従えていた佐久間信盛は追放され、光秀がその後継的な立場となっている。畿内において光秀軍に対抗しうるとすれば、四国渡海を直前にして大坂にあった、織田信孝や丹羽（惟住）長秀らである。しかし、彼らとて信長が襲われたとき、すぐ救援に駆けつけることはできない。

たとえ光秀が、信長の四国・長宗我部氏への対応に不満をもっていたからといって、それがすぐさま謀叛という実力行使に直結するわけではない。天正十年六月という時点で、たまたま右に述べたような隙が目の前に生じ、その好機を逃さず行動に移した。

このときの瞬時の状況判断が、裏切りを成功に導いた原因だと言える。

◉ 重用された光秀の人物像

光秀に対して、信長がこうした隙を見せたのは、光秀に対する絶大な信頼があったからであろう。

戦国史研究者の高柳光壽氏による先駆的な光秀の評伝はもちろんのこと、近年ではとくに光秀という人物の有能さを指摘する研究が多い。織豊期研究者の堀新氏は武将として抜群の才能を持っていたことを評価すべきとし、藤本正行氏は吏僚としても優秀だったと論じている。軍事的にも行政的にも、高い能力をもっていた人物だったのである。

この点は、本能寺の変からほどなくして、本国ポルトガルにこの事件について報告を書き送った、イエズス会の宣教師ルイス・フロイスによる光秀の肖像からもわかる。多少長くなるが、本能寺の変直後に光秀の人となりを記した史料として貴重なものであるので、次に引用したい。

信長の政庁に、名を明智といい、元は低い身分の人物がいた。すなわち、卑しい

家柄の出であり、信長の治世の当初、或る貴族に仕えていたが、巧妙で如才なく
鋭敏なことからたいそう重んじられるようになった。彼は諸人から嫌われ、裏切
りを好み、残虐な処罰を行なう非道者であり、人を欺き狡猾な戦術を弄すること
に長け、気質は勇猛、築城術に精通していた。このように卑しい歩兵であったが、
信長は丹波および丹後と称する二カ国を授け、比叡山の大学の全収入を与えたが、
これは他国の収入の半ばを超えていた。しかし、明智はその異常さゆえにさらに
多くを求め、日本君主国の主となりうるか否か試みることを望んだ。

（『一五八二年度日本年報追信』、松田毅一監訳『十六・七世紀イエズス会日本報告集』）

これは一五八二年十一月五日付の通信である。事件から約四か月後のことだ。
それから十年も経たないうちに、フロイスはその著『日本史』において、この部分
を書き直している。信長に従う以前に仕えていた先について、右には「或る貴族」と
あるが、『日本史』では兵部大輔（おそらく細川藤孝）であるとしている。
右の光秀像は、反逆者に対する描写ゆえか、負の表現が多い。少し時間をおいた
『日本史』でも、「裏切りや密会を好み、刑を科するに残酷で、独裁的」「己れを偽装
するのに抜け目がなく、戦争においては謀略を得意とし」と辛口である反面、「忍耐

力に富み、計略と策謀の達人」「自らが（受けている）寵愛を保持し増大するための不思議な器用さを身に備えていた」「優れた建築手腕の持主で、選り抜かれた戦いに熟練の士を使いこなしていた」といったような、有能さも垣間見える表現が入りこんでいる。

主君の信長との関係についても、「その才略、深慮、狡猾さにより、信長の寵愛を受けることとなり、主君とその恩恵を利することをわきまえていた」、「彼は誰にも増して、絶えず信長に贈与することを怠らず、その親愛の情を得るためには、彼を喜ばせることは万事につけて調べているほど」、「信長は奇妙なばかりに親しく彼を用いた」のように、信長による光秀の重用ぶりに言及されている。

◉ 明快な書状を書く光秀

信長の光秀の能力に対する高評価については、光秀が書いた書状の明快さが、好例としてよく取りあげられる。

天正二年（一五七四）七月、長島一向一揆攻めの陣中にあった信長は、摂津攻めにあたっていた光秀から戦況報告を受け、それに返事を出している。このなかで信長は、「書中つぶさに候えば、見る心地に候」と光秀を誉めている（『細川家文書』信四六三

和田弥十郎宛明智光秀書状写
〈『下条文書』大阪青山歴史文学博物館所蔵〉

号）。とても詳しい報告書なので、自身がその場を見ているように感じる、というのである。部下から明晰な報告書を提出されたら、上司は誰だって喜ぶだろう。

本能寺の変や光秀について研究を進めている藤田達生・福島克彦の両氏によって近年まとめられた、光秀の発給文書集のなかから、このような戦況報告書のたぐいを探すと、信長に対する文書は見られないものの、丹波の配下の武士に宛てた文書がいくつかある。

それらを読むと、たしかにすんなりと文章が頭に入ってくるように感じる。たとえば天正七年四月に、当時、攻撃をしていた丹波・八上城の包囲戦につ

いて、光秀はこんな報告をしている。

「助命退城候ようにと、色を替え様を替え懇望せしめ候。はや籠城の輩、四、五百人も飢え死にし候。罷り出で候者の顔は青腫れ候て、人界の躰にあらず候。とかく五日、十日のうち必ず討ち果たすべく候。一人も取り洩らさざるの様と存じ、逆さ要害として塀・柵・乱杭・逆茂木いよいよ上げ取り重ね、落居時を待つていたらくに候」（『下条文書』明九〇号、前頁図版▼の行以下）。

厳重な包囲により、飢餓の極限にあった八上城内から出てきた者の顔は青くむくみ、人外の存在のようだという表現は生々しい。こうした「巧妙で如才なく鋭敏な」光秀を、信長は重く用いたのである。

● 光秀の忠義・光秀への信頼

フロイスは光秀について、信長の「親愛の情を得るためには、彼を喜ばせることは万事につけて調べているほど」と、いかにも信長に取り入るために、計算ずくで行動していたかのように記しているが、そのあたりの光秀の信長に対する忠義が、真意なのか作為なのかはよくわからない。

ただ、こんな挿話がある。いままで光秀を語るうえでは用いられてこなかった史料

だと思うので、少し詳しく紹介したい。

薩摩・大隅・日向を領していた戦国大名である島津義久の弟・家久が、天正三年（一五七五）に上洛した。彼が出立から帰国までの半年間の行動を記した日記がある（『中務大輔家久公御上京日記』）。それによれば、伊勢神宮や山城の愛宕神社などの参詣が目的だとある。

家久はなかなか風流な人で、途中途中で連歌を楽しんだり、歌枕（昔の歌に詠まれた名所名跡）を見物したりするなど、歌道に深く傾倒していたようである。それもあって、三月に上洛してからは、当代随一の連歌師・里村紹巴の弟子心前の家に寄宿し、紹巴らのもてなしを受けた。五月には紹巴の案内で、滋賀見物に赴いている。

そこで彼ら一行を手厚くもてなしたのが、紹巴の連歌仲間である坂本城主・明智光秀だった。坂本城は琵琶湖に面した城である。初日に船を出して一行を迎えた光秀は、二日目には城へまねこうとする。家久が躊躇しているうち、光秀自身が城を出て家久のもとにやってきて、祝宴を開いた。

その宴では、ある遊興があった。「よし巻」と称し、琵琶湖の鮒や鯉・鯎などを蘆のなかに集め、そこに編んだ簾を丸く立て、そのなかに追いこみ捕獲するという遊びである。しかし、この遊興に光秀は参加しなかった。当時、信長は武田氏と対陣する

ため東国に出征中であり（この月に、長篠（ながしの）の戦いで勝利する）、光秀は畿内に留（とど）まっていたようである。このため「なくさ（慰）みのかたには如何候（いかが）」と、参加を遠慮したのである。

主君がいくさに向かっている留守に、自分が遊ぶのはいかがか、という一流の配慮であろうか。もっとも、その後の酒宴にはくわわり、紹巴らと連歌を詠んでいるので、彼のなかで、どこに線引きがあるのかわからない。光秀は、信長が見ていないところでも主君を思いやる人物であった、と言うことはできそうである。

有能なうえに、こうした気配りもできる光秀には、フロイスが述べるような〝暗黒面〟があった。光秀は、本当に彼が書いているような一面をもっていたのか。そうだとしても、信長は気づかなかったのか。気づいていたとしても、あえて目をつぶっていたのか。たんに反逆者となったあとの時代に作られた、負の虚像なのかどうか。人間は複雑多様な面をもっており、いかようにも人物像を作り上げられるようにも思われる。

しかし言えるのは、本能寺の変直前においても、信長は光秀を強く信頼していたことである。

別のところで書いたが、天正十年三月の武田攻めに従軍した光秀は、帰ってすぐ、

安土にやって来た家康一行の接待役を命じられた。光秀の友人である京都・吉田神社神主吉田兼見の日記には、光秀は「在庄」を命じられ、この間の準備にたいへんな労力を使ったと記されている。

従来この「在庄」は、接待役を解かれて休暇をもらった、と解釈されていた。しかし「在庄」とはたんに接待・もてなしの意味にすぎず、そのまま家康らの接待役を命ぜられたことを指すと指摘した。

つまり光秀は、武田攻め、家康らの接待、そして中国攻めのための出陣と、信長の命を受け休む間もなく奔走していたのである。これだけ立てつづけに重要な役目を与えられるのだから、信頼されていないはずはない。

謎として残る足蹴事件

しかし、右の家康接待中に、ある事件が起きていたという。これまた有名な信長による光秀の足蹴事件である。

先に引用した十一月付のフロイスによる通信の中に記述はなく、あとから書かれた『日本史』だけに、この事件が書きとどめられている。つまりフロイスは、天正十年から数年のあいだに、本能寺の変直前のふたりに起きた事件についての噂話をどこか

あらためて記すまでもなく知られた話だが、フロイスはこのように書いている。

らか聞きつけたことになる。

これらの催し事の準備について、信長はある密室において明智と語っていたが、元来、逆上しやすく、自らの命令に対して反対（意見）を言われることに堪えられない性質であったので、人々が語るところによれば、彼の好みに合わぬ要件で、明智が言葉を返すと、信長は立ち上がり、怒りをこめ、一度か二度、明智を足蹴にしたということである。

『フロイス日本史』第五十六章

ここで光秀が信長に言葉を返したという中身が何であるのか、あるいはこれが長宗我部氏のことではないか、などと推測されているが、これだけでは一切わからない。

たんに接待をめぐる些細な諍いだったかもしれないのである。

フロイスは「あるいはこのことから明智にはなんらかの根拠を作ろうと欲したかもしれぬ」と、足蹴を謀叛の根拠にした可能性を指摘しているが、これもフロイスの推測にすぎない。

あれだけの大事件の直前に起こった、ある意味劇的なできごとなので、作り話めい

たものとして信用しない人も多いかもしれない。ただ、これが同時代の記録に記されていることは大きい。実際にあったかどうかは別としても、そうした噂話があって、フロイスの耳に届いていたのである。

これが本当にあったできごとならば、信長の隙を見いだして軍事行動に移した光秀の心のなかには、慕っていた主君に足蹴にされた悔しさもあったのかもしれない。そんな推測をすることだけは許されるのではないか。

信頼しきっていた家臣に最後に裏切られ、殺された信長。その理由には、かつて信長を裏切った相手に共通する点があり、共通する信長の態度（信頼していたゆゑの油断）がたしかにあった。

もし、わたしが推理作家ならば、こんな話を夢想する。

光秀は信長に仕えるそのときから、信長に対して殺意をもっていた。光秀はそれを悟られぬよう信長のために励み、とうとう絶大なる信頼を獲得する。そして仕えてから十数年後、過度の信頼ゆゑに信長が光秀に気を許した瞬間、これを襲って宿望を成し遂げる。

そんな話を〝犯人〟光秀の視点で、本能寺の変の時点からさかのぼって書いてみるのはどうであろうか。ただこのばあい、なぜ仕える時点から光秀が殺意を抱いていた

のか、その殺害動機に説得力をもたせなければならないだろう。そのあたりの肉付け
は、自分の手には負えない。やはりわたしは作家には向かないようだ。面白いと思っ
た人がいたら、この筋書きを自由に使ってもらってかまわない。

終章 信じすぎた報い

◎平手政秀の〝裏切り〟

ここまで見てきたように、信長は同盟相手の戦国大名や家臣に裏切られつづけた。

もちろん、そこだけに注目したから、そう見えただけなのかもしれないし、この時代は、とくに信長だけに限らないのかもしれない。

ただし、「はじめに」で述べたことのくりかえしになるけれども、裏切りによって命を落としたことは、彼の〝裏切られ人生〟を象徴している。

それを考えると、家督を継いで間もないころ、守役の宿老・平手政秀が切腹したことも、ある種の裏切りなのかもしれない。信頼していた家臣が自らの手で、手が届かない場所に旅立ってしまう。これこそ、究極の裏切りと言えるのではあるまいか。

そんなふうに考えたのは、本書の構想を頭のなかで少しずつ練りはじめていた二〇

一五年十一月、歌舞伎座の顔見世歌舞伎において一幕見で観た「若き日の信長」がきっかけだった。

「若き日の信長」は大佛次郎が、十一世市川團十郎（当時は九世市川海老蔵）のために書いた三幕の新歌舞伎であり、昭和二十七年（一九五二）十月に初演された。題名のとおり、信長の若い頃を描いた作品で、信長の父信秀の三年忌法要、平手政秀の切腹、桶狭間の戦いに向かう直前の様子が、戯曲化されている。そのときは、初演した九世海老蔵の孫にあたる当代海老蔵が信長を演じていた。

政秀の切腹を知り、その遺書を読んだ海老蔵信長が、声を振りしぼって歎きのすべてをぶつける場面に深い感銘をおぼえ、政秀の切腹もまた信長の、自身への裏切りと受けとめたのだと感じたのであった。信長の台詞は、原作では次のようになっている。

また恨みも言はねばならぬ。爺、なんで信長を捨てて死んだ？ そちや、卑怯ぢや。さうとも、死んだ爺に、おれの言葉がとゞくか？ おれの肚が聞えるか、やい。俺に物を言はせず、おのれの料簡だけ述べて……そちや、遠いところへ行きをつた。（泣く）こりや卑怯ぢや。主をないがしろにしをつた。腹が立つ、腹が立つのぢや、やい。（身をふるはせる）……そちや、おのれの苦しみだけを知つて、

信長の苦しみを知らぬ。この信長を壁で囲つて、息を弱くしようとした。それに
は耐へられぬ故、おれア暴れて外に出たまでだ。忠義無類の親切、とは承知ぢや
が、真実は迷惑だつたぞ。その迷惑に上塗りして、そちや死んでくれたか？ こ
の信長の胸を、かき裂く思ひ、遂に爺には分らなんだか？ かうと知つたら、組
敷いて取りひしいいでも、おれの料簡、爺に呑込ませてくれるのだつた。さう思ふ、

さう思ふぞよ。

日本史学といふ学問のなかで、平手政秀の切腹といふ事件を信長への裏切りととら
え、論じたいわけではない。彼の死は『信長御入洛無以前の双紙』（『信長記』首巻）
のなかで、「上総介信長公実目に御座なき様躰をくやみ、守立候験なく候えば、存命
候ても詮なき事と申候て、腹を切り相果て候」とあるだけで、これを信長がどのよう
に受けとめたのかはわからない。

文学者の大佛次郎が感じ取つた切腹事件の様子は、この戯曲に描かれたとおりであ
り、海老蔵演じる信長の絶唱が、信長の裏切られ人生を考えていたわたしの心に突き
刺さつてきたのであつた。

◎ 外交の上手下手

本書を執筆するにあたり、多くの研究・著書を参考にした。とりわけ『織田信長家臣人名辞典』をはじめとして、近業の『織田信長の外交』に至るまで、信長研究の第一人者である谷口克広氏のお仕事がなければ書くことができなかった。

その谷口氏は、どちらかといえば信長の外交を評価しており、また信長像について
も、人を信頼するというよりも猜疑心（さいぎしん）が強い人物ととらえているので、本書で書いたこととはほぼ正反対になってしまい、恩（おん）を仇（あだ）で返したような、気まずい思いを抱いている。

とは言えいっぽうで、軍事史の面から信長の合戦などについて通説的理解に再検討を迫る指摘を次々と放っている藤本正行氏は、猜疑心が強いと思われがちな信長だが、案外人を信用するということを指摘している。

「信長は独裁者にありがちな猜疑心を持っていたが、優遇している相手ならば裏切るまいという尊大な感情（相手の心情を無視した）もあったはず」であり、それが本能寺に無防備な状態で入ったことにつながるという。

谷口氏の見解と藤本氏の見解は、けっして対立するものではない。また「相手の心情を無視した」一方的な思いこみを「尊大」と見るか、純粋に人を信用すると見るか

て領国の維持・拡大、義昭を擁しての上洛へとつながった。しかし、そのあと「天

尾張一国、あるいは美濃・尾張の大名である時点では、そのような外交が功を奏し

たしかに、時間の流れのなかで信長の外交の推移を考えれば、うまく関係をとりむすんだ初期から、立場の変化による破綻へと理解すると、すんなり納得できそうである。ただ、こうも言えるのではないだろうか。

つまりは、上洛前後あたりまでの信長は、美濃・斎藤氏への対抗上、信玄や謙信、浅井長政らと〝遠交近攻〟の外交をうまく展開することができていたが、上洛して「天下」と呼ばれる畿内地域に、義昭とともに権力を及ぼすように至って、次第に尊大にもなり、それまで同盟関係にあった大名たちの離叛をまねくことになったのではないか、ということである。

本質ではなく、時間の経過ゆえなのではないか、というのである。

という問いかけに対しては、たしかにそういう一面は否定できないけれども、これは見を頂戴してもいた。たとえば、信長はけっして外交が得意でなかったのではないか、信長外交の評価については、構想・執筆段階から谷口氏にも相談し、きびしいご意

こうした見方に共感をおぼえる。

は考えが分かれるところだが、ここまで「裏切られ」の状況を見てくると、藤本氏の

下」に拠点を移し、さらに義昭を追放して自らが「天下人」となってからでは、おこなうべき外交もまた、違った手段をとらねばならない。

信長は、その点にうまく対応できなかったのではないか。また家臣団の拡大に従って、彼らをうまく統御する能力を十分身につけていなかったのではないか、と。

信長には申し訳ないと思うけれども、やはり外交・家臣団統制という面では、不得手・一本気・不器用といったような負のことばしか浮かんでこないのである。

◉油断の時代の代表者

信長を裏切った人びとと信長の関係を見てゆくと、裏切られたとき、信長はまさか相手が自分を裏切るとは思っていなかったというのが、ほぼ全員に当てはまる。最後には、そのために命を落とす結果ともなった。本文で何度も言及したように、これは油断以外の何物でもない。

この「油断」ということばは、戦国時代になって急に史料上に多く登場するようになると感じている。

『北本涅槃経』に見える、王が臣下に油を持たせ、一滴でも零したら殺すという、よく言われる「油断」の語源は、『日本国語大辞典第二版』によれば疑わしいのだとい

う。

同書に挙げられている用例は、延慶本平家物語に見える「ゆたむ」が最も古いものの、同時代の他の軍記物語に用例がなく、一般的ではなかったのではないかともされている。以下挙げられている用例は、『太平記』以降南北朝・室町時代以降のものばかりだ。

たしかに、東京大学史料編纂所が公開している古文書の全文データベースを調べてみても、現在使われているような意味での用例は、平安時代・鎌倉時代にはまったく見られない。室町時代以降、このことばを用いる文書が格段に増える。

さらに戦国時代になると、ふだんやりとりされる書状のなかに、常套句とも言えるほど頻繁に登場するようになる。本書で触れたなかでも、上杉謙信に支援できなかったことを詰問された信長が、「けっして油断していたわけではありません」と弁明していた。

その信長自身も、家臣らに対する命令のなかに、「油断あるべからず候」「油断あるまじく候」と念を押して述べる例は、枚挙に遑がないほどであり、これは信長に限ることではない。

「油断」ということばが指し示している、人間の気のゆるみ・不注意という行為は、

いつの時代、どこの地域にもあったであろう。そうした人間のうっかりした過ちが、「油断」と呼ばれるようになった。戦国の世の中では一瞬の「油断」が、ややもすれば命取りにつながった。だからこそ一気に広まり、人びとに受け入れられ、用いられたのかもしれない。

その意味では、信長にとって（あるいは彼を強く尊敬する人たちにとっては）あまり嬉しくない表現かもしれないが、信長は〝油断の時代〟を代表する人物でもあった、と言うことができるだろう。

◉ 何かを信じた者だけにある裏切り

最後に、もう一度問いかけてみよう。〝裏切り〟とは何だろうか？

裏切りとは、お互い信用していた同士のいっぽうが、もういっぽうに背く(そむ)ことである。信用・信頼、信じることなしに裏切りはない。

信長は、人を信じすぎたのではないのか。本書執筆中、信長の子孫にあたる織田信孝氏（柏原藩織田家の当主）が、同様の発言をしていることも知った（インターネットサイト「サライ.jp」二〇一六年十二月九日配信）。おなじように考えている人が他にもいることに安心をおぼえたのである。

これまた本書の構想を練っていたとき、いま人気のロックバンド RADWIMPS の

アルバム『絶体絶命』（二〇一一年）に入っている「億万笑者」という曲をたまたま耳

にし、驚いた。これはまさに信長のことを唄っているのではないかと感じたからだ。

さまざまな史料を読みながら、曖昧ながらも自分が描きだそうとしていた「裏切ら

れ信長」像が、まさにこの曲のなかに、ことばとなって現出していたのである。

「億万笑者」（野田洋次郎作詞）の唄い出しは、次のようなものだ。

明日に希望を持った者だけに　絶望があるんだ

何かを信じた者だけに　裏切りはあるんだ

勇者だけに与えられた　名誉の負傷とでも言うのか

それにしてはずいぶんと　割に合わないな

「何かを信じた者」にしか、裏切りはない。これほどたびたびの裏切りにあった信長

は、あまりに相手を信じすぎたのではないか。最後に信頼厚かった光秀に裏切られ、

死に直面した「勇者」信長は、「それにしてはずいぶんと割に合わないな」とつぶや

いて腹を切ったのかもしれない。でも、「信じる事は簡単な事　疑うより気持ちがい

いね」（GReeeeN「遙か」）ということばをかけて信長を慰めたい。

この曲を聴いてからというもの、信長がさまざまな人たちに裏切られた原因は「信じすぎたゆえの報い」なのだという考えに支配され、頭から離れなくなってしまった。

したがって、本書には通奏低音として、RADWIMPSの「億万笑者」が流れているこ
とを最後に書いておきたい。

＊日本音楽著作権協会（出）許諾第1703270006-01

徳川家康──信長を裏切らなかった武将

◉裏切られ続けた信長を裏切らなかった家康

以上元版に収めた第一章から終章において、わたしが追究したいと考えたのは、浅井長政・武田信玄・上杉謙信・毛利輝元の戦国大名四人と、松永久秀・荒木村重・明智光秀の家臣三人、計七人の〝裏切り相手〟である。

「なぜ信長はかくも裏切られ続けたのか」という疑問であった。取りあげたのは、浅井長政・武田信玄・上杉謙信・毛利輝元の戦国大名四人と、松永久秀・荒木村重・明智光秀の家臣三人、計七人の〝裏切り相手〟である。

婚姻や養子によってむすばれた同盟関係（謙信や輝元のように実現しなかった相手もいる）を破棄して敵対するというふるまいと、主従関係に背いて主君に立ちむかうといった行為を、〝裏切り〟ということばでひとくくりにし、おなじ土俵の上で論じることに、問題がないわけではない。

そもそも戦国大名同士の「同盟」とは何なのか（また、たとえば現代のわたしたちが「同盟」と聞いて頭に浮かべる関係とどう異なるのか）という本質的な問題への考察をおろそかにして論じることにも大きな問題があったであろう。

またいっぽうで、信長研究の第一人者である谷口克広氏のように、信長の外交を評価する立場もあって、この点わたしも納得させられる点が多く、信長の他大名との関係構築のあり方について、一面的に低く評価する意図は持ちあわせていなかった。

そうであるにもかかわらず、あえて右のような事象を、強引に〝裏切り〟というこ

とばでまとめ、通して考えてみたのには、次のような理由がある。

信長は、長政・信玄・謙信・輝元ら、もともと敵対するどころか同盟関係にあった諸大名や、信頼をおいていた久秀・村重・光秀ら家臣たちに離叛され、最終的にはその理由を考えることにより、第一章から終章までで論じた主題を逆照射できればと思のために命を落としてしまった。そうなるに至ったのには、何か共通した原因があるのかもしれない。それを考えることによって彼の人物像（の一側面）を理解することができるのではないか。せっかくいただいた執筆の機会なのだから、自分自身が抱いた強い興味に迫ってみたい、そうした思いだった。

その結果浮かんできた〝裏切られ〟の原因について、ある程度納得できたのだが、ここでもう一章追加して考えてみたいのは、信長を裏切らなかった大名と信長の関係である。その代表が徳川家康であろう。家康はなぜ信長から離叛しなかったのか、この理由を考えることにより、第一章から終章までで論じた主題を逆照射できればと思う。

❁ 清須同盟の成立と展開

信長と家康の同盟は、一般的に「清須同盟」と呼ばれている。この同盟関係については、谷口氏が、その著書『信長と家康─清須同盟の実体』のなかで詳細に論じてい

る。以下本章の記述も、この谷口氏の研究に大きく負っていることをあらかじめおこ
とわりしておきたい。

両者の同盟が「清須同盟」と俗称されているのは、永禄四年（一五六一）に当時の
信長の居城清須城においてむすばれたからだという。ただし谷口氏は、これはあくま
で伝承であって、信頼できる史料の裏づけがないことを指摘している。

以後信長が本能寺において明智光秀に討たれる天正十年（一五八二）までの足かけ
二十二年にわたり、両者の同盟は存続した。谷口氏はこれを「戦国時代の奇跡」と呼
んでいる。信長の例を見ればわかるように、戦国時代大名間の同盟関係は、それぞれ
の利害関係の変化によってたやすく破棄された。そのなかで長期にわたり継続した関
係であるゆえの表現であろう。

遠江・駿河の戦国大名今川氏と、尾張において勢力を拡張していた織田氏に挟まれ
た三河の松平氏は、家康祖父清康が家臣に討たれた、いわゆる「守山崩れ」（天文四
年＝一五三五）以降今川氏に従属していた。天文十一年、清康の子広忠と、三河刈谷
城主水野忠政息女於大とのあいだに誕生したのが、後の家康（竹千代・元信・元康、

以下も表記は家康で統一する）である。

その直後、家康の外祖父忠政が死去し、跡を継いだ伯父信元は信長の父信秀とむす

んだため、母の於大は実家の水野家に戻されてしまう。今川氏は松平氏に対する圧力を強め、家康は人質として駿府に送られる。この間いったん身柄を織田氏に奪われ、一時的に尾張に暮らしたこともある。

今川氏のもとで元服・婚姻した家康だが、転機となったのは、言うまでもなく永禄三年五月にあった桶狭間の戦いである。その後今川氏を離れ、本拠である三河岡崎城に入った家康を、主家今川氏真が明瞭に敵と認識したのが翌四年頃であったという。この年、前述のように「清須同盟」がむすばれ、同六年には嫡男竹千代（のちの信康）と信長息女徳の婚約がなされた。それとほぼおなじ時期、諱を今川義元の偏諱を受けた「元康」から家康にあらため、今川氏との決別を示したのである。

こうしてむすばれた家康と信長の関係について、長く存続したのにはいかなる理由があったのだろうか。この同盟は双方にとっていかなる利益があったのだろうか。

谷口氏は、「お互い利用価値があった」からだとする。信長は家康を今川氏や武田氏に対する緩衝壁として利用し、家康も信長の後ろ盾により三河統一を果たし、武田氏からの侵略から身を守ることができた。つまり今川氏・武田氏といった敵対勢力の存在が、同盟の長期存続をもたらした主因であったというわけである。

この点、谷口氏の指摘に異論はない。それではこの間、両者の同盟関係に亀裂を生

じさせるような、別の言い方をすれば、家康が信長を裏切るに至らしめるような契機はなかったのだろうか。意地悪な見方になってしまうかもしれないが、次に考えてみたい。

◉ 清須同盟決裂の可能性

清須同盟が、対今川氏を目的のひとつとしてむすばれたということならば、今川氏の存在が脅威でなくなると、その目的は必然的に希薄になったはずである。武田氏と徳川氏が今川領国に侵入し、駿河と遠江を分割支配することになった永禄十一年（一五六九）末以降、清須同盟が東方を警戒する必要は相対的に低下した。しかし家康は、なお東方への警戒を怠（おこた）ることができなかった。

このとき武田勢が遠江に侵入する動きを見せたことに家康が不信感を抱き、信玄との関係が険悪になり、その結果家康は、長く武田氏と敵対していた上杉謙信とむすんだのである。信長と信玄は子女同士の婚約を媒介とした同盟関係にあったが、家康は、その縁組みが破談になるよう働きかけることを謙信に約束する。今川氏に変わる新たな東の敵として、みずから武田氏をそうみなしてしまったような感がある。家康が武田氏を敵とみ好きこのんで敵を作るということはしないと思われるので、家康が武田氏を敵とみ

なした理由は、やはり相手が徳川氏にとり脅威になると考えざるをえない。しかし信長と信玄の同盟は依然継続中である。清須同盟のなかで、東の敵に対する認識に差異が生じたわけである。

この時点が信長・家康決裂のきっかけになりえた。しかしこのときは、信玄の側がこうしたねじれた関係を清算すべく〝裏切り〟に動いた。元亀三年（一五七三）末における家康領国への侵入である。これにより、武田氏が清須同盟にとっての東の敵であることが決定的となり、対武田氏という目的において、同盟はいっそう強固になったのである。

とはいえ、矛盾した言い方になるが、武田氏の存在は、常に清須同盟を決裂させる発火装置たりえたと考えている。

信長・家康両者の関係を悪化させる契機として、天正三年における家康伯父水野信元の殺害や、同七年に発生した、いわゆる「信康事件」（家康による嫡男松平信康の追放）が指摘されている。しかし後者について谷口氏は、徳川家中における父子対立によるものであり、信長の切腹命令が出ていたといった説を否定している。つまり信長・家康対立の原因にはならないのである。

前者については、信元殺害のきっかけが、信元が武田氏に通じていたからだという

説があることを谷口氏が紹介している。家康が信長に対し、伯父を殺害された遺恨を持つということはなかったにしても、武田氏の存在は、清須同盟の強化につながる反面、一歩間違えれば決裂の要因ともなる両面性をもっていたと言えそうである。

対武田氏という面で、信長・家康の関係がもっとも危うくなったのは、天正二年から三年にかけての時期ではないかと考えている。

田勝頼の軍勢が、家康配下の小笠原氏助が守る遠江高天神城攻撃を開始した。このとき京都にあった信長の耳にも一報が届き、信長は五月十六日に京都を出立する。

天正二年五月、前年に父を喪った武

しかし太田牛一の『信長記』によれば、岐阜に到着したのが同二十八日であり、さらに岐阜を出立したのは六月五日と遅れた。高天神城は武田勢の厳しい攻撃にしばらく持ちこたえていたものの、ついに氏助は武田方に降伏し、城を明け渡してしまう。信長はおなじ日に家康宿老酒井忠次の居城吉田に入ったあと、ちょうど浜名湖今切の渡を渡ろうとしたところに落城の報を受け取ったのである。

翌天正三年三月、武田勢が今度は三河に侵入した。先遣隊がまず三河足助城などを攻撃し、ついで野田・吉田・二連木など東三河の諸城を襲った。家康は吉田城に入って抵抗したものの、軍勢が少なく有効な応戦ができずに同城から動かなかったところ、勝頼の軍勢はそのまま北の長篠城に向かい、これを囲んだ。

　その後五月二十一日に長篠の戦いがあるわけだが、この直前まで信長はやはり畿内にあって大坂本願寺攻めをおこなっていた。本願寺攻撃から撤兵し京都に戻ったのが四月二十一日であり、さらに岐阜に帰ったのが同二十八日、長篠城の危急を救うため岐阜を出立したのが五月十三日のことである。前年の高天神城救援の出陣同様、信長軍の動きが緩慢であることが気になる。

　右の経緯とその理由は、元版刊行以後に刊行された拙論・拙著にて考察したので、ここではくりかえさないが、注目されるのは、武田氏側の立場で書かれた史書・兵書『甲陽軍鑑』に記されているこのときの挿話である。それによれば、家康は家臣小栗大六を使者として信長に救援の要請を二度おこなったものの、信長は二度とも拒否したというのである。

　そこで家康は三度目に大六を派遣するにあたり、もし拒否されたときには、「武田方に寝返り、その先鋒として尾張に攻め入り、尾張を拝領しようと考えている」という最後の切札を示せと言い含めた。予想どおり三度目も拒否されたので、右の切札を示したところ、信長もとうとう折れ、支援に赴いたという。

　こうしたやりとりが実際にあったかどうかはともかく、先に見たように信長の動きが緩慢であることを考えれば、家康から支援を求める催促が何度もあった可能性はあ

る。そのさい『甲陽軍鑑』作者は、武田氏への寝返りが切札になると喝破した。実際、このとき三河に武田勢が侵入した契機となったのは、徳川方の岡崎町奉行大岡弥四郎が武田氏に内通したことであった。

清須同盟は対武田氏という目的で信長と家康のむすびつきを強めていたが、いっぽうで両者の関係は、常に武田氏を媒介に破綻する危険をはらんでいた。右に見たように、それがどちらに転ぶのか、最大の山場が長篠の戦い前後にあったと言えるかもしれない。

◉ 武田氏滅亡と清須同盟

谷口氏は、先行研究における古文書学的分析に拠りながら、天正三年以降、信長と家康の関係は、同盟というより、上下関係になっていたと論じている。天正十年三月に武田氏を滅ぼしたとき、家康はその支配領域のうち駿河国を与えられている。対武田氏をひとつの目的としてむすばれていた後期の清須同盟は、武田氏滅亡という事態を受け、今度こそ必然的に変質（もしくは消滅）にむかっていったはずである。

しかし直後に発生した本能寺の変により、同盟は意外なかたちで幕を下ろすことになった。仮に本能寺の変がなかったら、両者の同盟はどうなっていたのだろう。家康

は同盟相手から家臣へと決定的な立場の変化をこうむったのであろうか。とすれば、天下人信長のもとで、家康は駿河をどのように支配しようと考えていたのだろうか。晩年そうしたように、駿府に居を移したのだろうか。

　残された数少ない史料を見ると、それまで東三河の支配を担っていた酒井忠次を駿府の守将となし（『家忠日記』）、忠次は所領・諸役の安堵をおこなったり（『駿河志料』）、『村山浅間神社文書』）、当地の武士に出陣を労う文書を出したりしている（『諸家文書纂』）。

　これが恒久的な体制となってゆくものだったのかは、本能寺の変のためにわからなくなってしまった。家康が、三河・遠江・駿河を支配する一家臣としていったのか、あるいは両者の関係はその後別の変化を遂げたのか。武田氏滅亡から本能寺の変までの三ヶ月足らずという時間は、それを考える手がかりをつかむことすら許さないほど、短すぎるのである。

【主要参考文献】

浅利尚民・内池英樹編『石谷家文書　将軍側近のみた戦国乱世』吉川弘文館、二〇一五年

安土城考古博物館編『信長文書の世界（第二版）』二〇〇七年

天野忠幸『三好一族と織田信長』戎光祥出版、二〇一六年

池上裕子『織田信長』吉川弘文館、二〇一二年

遠藤珠紀「織田信長子息と武田信玄息女の婚姻」『戦国史研究』六二、二〇一一年

太田浩司『浅井長政と姉川合戦』サンライズ出版、二〇一一年

奥野高広・岩沢愿彦校注『信長公記』角川文庫、一九六九年

金子拓『織田信長という歴史』勉誠出版、二〇〇九年

金子拓『『信長記』と信長・秀吉の時代』勉誠出版、二〇一二年

金子拓編『織田信長　〈天下人〉の実像』講談社現代新書、二〇一四年

金子拓『明智光秀の接待』東京大学史料編纂所編『日本史の森をゆく』中公新書、二〇一四年

金子拓「長篠の戦い後の織田信長と本願寺」『白山史学』五三、二〇一七年

金子拓「織田信長にとっての長篠の戦い」金子拓編『長篠合戦の史料学』勉誠出版、二〇一七年

金子拓『長篠の戦い　信長が打ち砕いた勝頼の"覇権"』戎光祥出版、二〇二〇年

金子拓『長篠の戦い　実像編』堀新・井上泰至編『信長徹底解読』文学通信、二〇二〇年

鴨川達夫『武田信玄と勝頼』岩波新書、二〇〇七年

鴨川達夫『元亀年間の武田信玄』『東京大学史料編纂所研究紀要』二二、二〇一二年

桐野作人『だれが信長を殺したのか』PHP新書、二〇〇七年

桐野作人『織田信長』新人物文庫、二〇一四年（元版二〇一一年）

功刀俊宏「足利義昭・織田信長による若狭武田氏への政策について──武藤友益討伐などから──」第五四回白山史学会口頭報告、二〇一六年

黒田日出男『謎解き　洛中洛外図』岩波新書、一九九六年

佐藤進一『増補花押を読む』平凡社ライブラリー、二〇〇〇年（元版一九八八年）

柴辻俊六・平山優・黒田基樹・丸島和洋編『武田氏家臣団人名辞典』東京堂出版、二〇一五年

柴裕之『戦国・織豊期大名徳川氏の領国支配』岩田書院、二〇一四年

柴裕之「織田・毛利開戦の要因」『戦国史研究』六八、二〇一四年

柴裕之「織田権力と越後上杉氏──その外交関係と開戦への展開」国史学会四月例会口頭報告、二〇一六年

染谷光廣「武田信玄の西上作戦小考」『日本歴史』三六〇、一九七八年

高柳光壽『明智光秀』吉川弘文館、一九五八年

谷口克広『信長軍の司令官』中公新書、二〇〇五年

谷口克広『戦争の日本史13　信長の天下布武の道』吉川弘文館、二〇〇六年

谷口克広『検証　本能寺の変』吉川弘文館、二〇〇七年

谷口克広『信長と消えた家臣たち』中公新書、二〇〇七年

谷口克広『織田信長家臣人名辞典第二版』吉川弘文館、二〇一〇年

谷口克広『信長の政略』学研パブリッシング、二〇一三年

谷口克広『信長と将軍義昭』中公新書、二〇一四年

谷口克広『織田信長の外交』祥伝社新書、二〇一五年

谷口克広『信長と家康――清須同盟の実体』(学研新書、二〇一二年)

谷口克広『明智光秀　浪人出身の外様大名の実像』洋泉社歴史新書ｙ、二〇一四年

谷口研語『織田信長と越前一向一揆』誠文堂新光社、一九八九年

辻川静雄『織田信長と越前一向一揆』誠文堂新光社、一九八九年

長浜市長浜城歴史博物館『戦国大名浅井氏と北近江』サンライズ出版、二〇〇八年

中脇聖「信長は、なぜ四国政策を変更したのか」日本史史料研究会編『信長研究の最前
線』洋泉社歴史新書ｙ、二〇一四年

平井上総『長宗我部元親・盛親』ミネルヴァ書房、二〇一六年

平山優『敗者の日本史9　長篠合戦と武田勝頼』吉川弘文館、二〇一四年

藤本正行『本能寺の変　信長の油断・光秀の殺意』洋泉社歴史新書ｙ、二〇一〇年

堀新「明智光秀　もっと評価されてもよい武将としての才能」『週刊　新発見！日本の歴
史戦国時代3』朝日新聞出版、二〇一三年

堀智博「豊臣家中からみた大坂の陣――大坂落人浅井一政の戦功覚書を題材として――」『共
立女子大学文芸学部紀要』六三、二〇一七年

丸島和洋『戦国大名の「外交」』講談社選書メチエ、二〇一三年

宮島敬一『浅井氏三代』吉川弘文館、二〇〇八年

村井祐樹『東京大学史料編纂所蔵『中務大輔家久公御上京日記』』『東京大学史料編纂所
研究紀要』一六、二〇〇六年

村井祐樹『戦国大名佐々木六角氏の基礎研究』思文閣出版、二〇一二年

森脇崇文「天正初期の備作地域情勢と毛利・織田氏」『ヒストリア』二五四、二〇一六年

山本浩樹『戦争の日本史12　西国の戦国合戦』吉川弘文館、二〇〇七年

和田裕弘「「本城惣右衛門覚書」について」『真説　本能寺の変』集英社、二〇〇二年

「業余稿叢十五　本城惣右衛門覚書」『ビブリア』五七、一九七四年

『フロイス日本史』（中央公論社）・『十六・七世紀イエズス会日本報告集』（同朋社）／『日本国語大辞典第二版』（小学館）・『国史大辞典』（吉川弘文館）・『日本歴史地名大系』（平凡社）／東京大学史料編纂所各種データベース

あとがき

筆者の前著『織田信長〈天下人〉の実像』（講談社現代新書）を読んだ、書籍の企画編集会社から、「信長の人物像について、一般向けの本を書きませんか」という誘いを受けたのは、二〇一五年の夏のことだった。

「信長の人物像」全般について書ききる能力も自信もなかったので、ここで論じたような主題でよければと逆に提案したところ、先方もそれを受け入れて実現したのが本書である。

ちょうどその頃、朝日カルチャーセンター新宿校で月一回の講座を受け持ち、「信長と戦国武将たち」という主題で、信長と彼の好敵手や家臣たちをえらび、信長と彼らとの関係について話をさせてもらっていた。そこで話をしているうち、「なぜかくも信長は裏切られてばかりなのだろうか」という疑問が頭に浮かんできていた。それが逆提案のきっかけとなった。

幸い二〇一六年度も、引きつづき朝日カルチャーセンターの講座を持たせていただくことになったので、一年間この主題（「信長を裏切った武将たち」）で考え、あらため

て話をして、本の執筆につなげよう、そんな目論見だった。

脱稿の目標は約一年後に設定していたのだけれど、まとまった執筆時間が思うように確保できず、完成が延び延びになってしまった。そこで二〇一七年の年明けという最終期限を設定し、依頼元からの叱咤激励を受けながら、信長について書くことに怖じ気づく自分を奮い立たせ、何とか書き通すことができた。

二〇一五・一六年の二年にわたり、朝日カルチャーセンターの講座を辛抱強く聴いてくださった受講者の皆さんがいなければ、このような本はできあがらなかったと思う。感謝申し上げます。また、この講座を支えていただいた（今もお世話になっている）担当者の横井周子さんにも御礼申し上げたい。

本書はもともと、「裏切られ信長」という開発名を冠して書き始めた。これを書名とするには、いささか刺激的すぎる（あるいは創作めいている）ということで、本書のような題名に落ち着いたのだが、開発名にはモデルがある。たんに語感だけが合っているにすぎないのだが、司馬遼太郎の長篇『尻啖え孫市』である。

といっても、この作品を読んでいるわけではない。自慢にはならないが、司馬遼太郎作品はほとんど読んだことがない。わたしが知っている司馬遼太郎の文章は、直木賞選考委員として、ＳＦ作家・広瀬正の作品を一貫して高く評価していた、その選評

ぐらいである。その意味で、小説以外の随筆から断簡零墨までが収められた新潮文庫の『司馬遼太郎が考えたこと』は貴重だ。

それはともかく、『尻啖え孫市』という本（たしか文庫本だった）との出会いは、子供のころ、親が寝室に使っていた和室に置いてあったのを見つけたことだったと記憶している。父が読んでいたのだろう。そもそも「尻」の語につづく「啖え」の読みがわからなかったし、「孫市」が誰なのかも知らなかった。孫市が雑賀孫市のことだと知ったのは、ずいぶん経ってからのことである。

「啖え」を「クラエ」と読むことがわかって以来、「シリクラエマゴイチ」という書名の響きは、不思議に頭に残った。そういう意表を突いた書名が与える深い印象という点からしても、司馬遼太郎という作家は、すぐれた感性をもっているのだろう。

「シリクラエ」という命令形と、「ウラギラレ」という受動態には、五音という以外に共通性はないのだけれど、自分のなかで「ウラギラレノブナガ」という語感のみなもとが「シリクラエマゴイチ」にあることだけは間違いない。

父は歴史物が好きで、わたしが大河ドラマを観始めたのも、父が観ていたからなのだと思う。記憶にある最も古い大河ドラマは一九七六年の『風と雲と虹と』であるが、一年通して観たのは、その翌年の『花神』からである。そこから『黄金の日日』『草

燃える』とつづき、わたしの歴史好きは決定的になった。

「シリクラエマゴイチ」といい、この道、そして本書へと導いてくれたのは父であったわけで、あらためてその恩に感謝しなければならない。

自分でも意図せず信長の研究に携わることになり、このように信長に関する一般向けの本まで書く仕儀となった。

でも、織田信長という存在はあまりに大きすぎる。本当にこんなことを書いていいのか、誰でも知っていることをいかにも自説のように書いているのではないか、あるいは間違いだらけ、誤解だらけなのではないのか、という思いが執筆中、ずっと頭から離れなかった。これはなかなか辛いことである。だから、信長について書くことは当分遠慮したい、というのが正直ないまの心境である。

　　　＊　　　＊　　　＊

以上は二〇一七年五月に刊行した元版のあとがきである。

ありがたいことに、今回これを河出文庫の一冊として加えていただくことになった。これによって、本書をより多くの方の手に取ってもらえるようになったのは嬉しい。

わたしの著書として初めて文庫になるものであり、文庫という判型の本が大好きな者としてこれ以上の喜びはない。しかも、学生の頃澁澤龍彦・種村季弘をはじめとした

著作に魅了されてきた河出文庫の仲間入りをするのは、夢のようである。

文庫化にあたり、書名を本書執筆時の開発名であった「裏切られ信長」に改める（戻す）ことになった。ただ、元版の「不器用すぎた天下人」の言い回しも気に入っているので、これを副題として残すことにした。やや煽情的な書名となるが、文庫化にあたっての冒険である。

明智光秀については、元版刊行後に上梓した『信長家臣明智光秀』（平凡社新書）でも述べている。本書とは多少異なる〝裏切り〟の動機にたどりついた。あわせて参照されたい。

またこの機会に、元版刊行の頃に依頼されて書いた一篇を補論として新たに加えた。二〇一七年夏に岐阜市歴史博物館にて開催された同館の特別展「Gifu信長展」の図録に寄稿した小論で、収載にあたり一部加筆した。直前に刊行された元版の内容を強く意識し、元版で論じた人物たちの、ある意味対極に位置する徳川家康に注目して、〝裏切られ〟の観点から信長との関係を考えてみた内容である。

末筆ながら、文庫化にさいしお世話になった皆さまにあらためて感謝を申し上げたい。

二〇二一年十二月

金子　拓

＊本書は2017年5月に刊行された『織田信長　不器用すぎた天下人』（河出書房新社刊）に加筆・修正をしたものです。文庫化にあたり、岐阜市歴史博物館特別展「Gifu信長展」図録（2017年7月）に「信長を裏切らなかった武将としての徳川家康」の題にて発表した一篇に加筆・修正をし、捕論として収めました。

二〇二二年　一　月一〇日　初版印刷
二〇二二年　一　月二〇日　初版発行

裏切られ信長
不器用すぎた天下人

著　者　金子拓

企画・編集　株式会社夢の設計社

発行者　小野寺優

発行所　株式会社河出書房新社
〒一五一-〇〇五一
東京都渋谷区千駄ヶ谷二-三二-二
電話〇三-三四〇四-八六一一（編集）
　　　〇三-三四〇四-一二〇一（営業）
https://www.kawade.co.jp/

ロゴ・表紙デザイン　粟津潔
本文フォーマット　佐々木暁
印刷・製本　中央精版印刷株式会社

完全版　本能寺の変　431年目の真実

明智憲三郎

41629-8

意図的に曲げられてきた本能寺の変の真実を、明智光秀の末裔が科学的手法で解き明かすベストセラー決定版。信長自らの計画が千載一遇のチャンスとなる⁉　隠されてきた壮絶な駆け引きのすべてに迫る！

戦国の尼城主　井伊直虎

楠木誠一郎

41476-8

桶狭間の戦いで、今川義元軍として戦死した井伊直盛のひとり娘で、幼くして出家し、養子直親の死後、女城主として徳川譜代を代表する井伊家発展の礎を築いた直虎の生涯を描く小説。大河ドラマ主人公。

井伊の赤備え

細谷正充〔編〕

41510-9

柴田錬三郎、山本周五郎、山田風太郎、滝口康彦、徳永真一郎、浅田次郎、東郷隆の七氏による、井伊家にまつわる傑作歴史・時代小説アンソロジー。

天下奪回

北沢秋

41716-5

関ヶ原の戦い後、黒田長政と結城秀康が手を組み、天下獲りを狙う戦国歴史ロマン。50万部を超えたベストセラー〈合戦屋シリーズ〉の著者による最後の時代小説がついに文庫化！

信玄軍記

松本清張

40862-0

海ノ口城攻めで初陣を飾った信玄は、父信虎を追放し、諏訪頼重を滅ぼし、甲斐を平定する。村上義清との抗争、宿命の敵上杉謙信との川中島の決戦……。「風林火山」の旗の下、中原を目指した英雄を活写する。

真田幸村　英雄の実像

山村竜也

41365-5

徳川家康を苦しめ「日本一の兵（つわもの）」と称えられた真田幸村。恩顧ある豊臣家のために立ち上がり、知略を駆使して戦い、義を貫き散った英雄の実像を、多くの史料から丹念に検証しその魅力に迫る。

戦国廃城紀行

澤宮優

41692-2

関ヶ原などで敗れた敗軍の将にも、名将はあり名城を築いた。三成の佐和山城から光秀の坂本城まで、十二将十三城の歴史探索行。図版多数で送る廃城ブームの仕掛け人の決定版。

新名将言行録

海音寺潮五郎

40944-3

源為朝、北条時宗、竹中半兵衛、黒田如水、立花宗茂ら十六人。天下の覇を競った将帥から、名参謀・軍師、一国一城の主から悲劇の武人まで。戦国時代を中心に、愛情と哀感をもって描く、事跡を辿る武将絵巻。

徳川秀忠の妻

吉屋信子

41043-2

お市の方と浅井長政の末娘であり、三度目の結婚で二代将軍・秀忠の正妻となった達子（通称・江）。淀殿を姉に持ち、千姫や家光の母である達子の、波瀾万丈な生涯を描いた傑作！

家光は、なぜ「鎖国」をしたのか

山本博文

41539-0

東アジア情勢、貿易摩擦、宗教問題、特異な為政者──徳川家光政権時に「鎖国」に至った道筋は、現在の状況によく似ている。世界的にも「内向き」傾向の今、その歴史の流れをつかむ。

吉原という異界

塩見鮮一郎

41410-2

不夜城「吉原」遊廓の成立・変遷・実態をつぶさに研究した、画期的な書。非人頭の屋敷の横、江戸の片隅に囲われたアジールの歴史と民俗。徳川幕府の裏面史。著者の代表作。

江戸の都市伝説　怪談奇談集

志村有弘〔編〕

41015-9

あ、あのこわい話はこれだったのか、という発見に満ちた、江戸の不思議な都市伝説を収集した決定版。ハーンの題材になった「茶碗の中の顔」、各地に分布する飴買い女の幽霊、「池袋の女」など。

みだら英泉

皆川博子

41520-8

文化文政期、美人画や枕絵で一世を風靡した絵師・渓斎英泉。彼が描いた婀娜で自堕落で哀しい女の影には三人の妹の存在があった――。爛熟の江戸を舞台に絡み合う絵師の業と妹たちの情念。幻の傑作、甦る。

怪異な話

志村有弘〔編〕

41342-6

「宿直草」「奇談雑史」「桃山人夜話」など、江戸期の珍しい文献から、怪談、奇談、不思議譚を収集、現代語に訳してお届けする。掛け値なしの、こわいはなし集。

伊能忠敬　日本を測量した男

童門冬二

41277-1

緯度一度の正確な長さを知りたい。55歳、すでに家督を譲った隠居後に、奥州・蝦夷地への測量の旅に向かう。艱難辛苦にも屈せず、初めて日本の正確な地図を作成した晩熟の男の生涯を描く歴史小説。

吉田松陰

古川薫

41320-4

2015年NHK大河ドラマは「花燃ゆ」。その主人公・文の兄が、維新の革命家吉田松陰。彼女が慕った実践の人、「至誠の詩人」の魂を描き尽くす傑作小説。

江戸の牢屋

中嶋繁雄

41720-2

江戸時代の牢屋敷の実態をつぶさに綴る。因獄以下、牢の同心、名名主以下の囚人組織、刑罰、脱獄、流刑、解き放ち、かね次第のツル、甦生施設の人足寄場などなど、牢屋敷に関する情報満載。

江戸の非人頭　車善七

塩見鮮一郎

40896-5

徳川幕府の江戸では、浅草地区の非人は、弾左衛門配下の非人頭・車善七が、彼らに乞食や紙屑拾い、牢屋人足をさせて管理した。善七の居住地の謎、非人寄場、弾左衛門との確執、解放令以後の実態を探る。

弾左衛門とその時代

塩見鮮一郎

40887-3

幕藩体制下、関八州の被差別民の頭領として君臨し、下級刑吏による治安維持、死牛馬処理の運営を担った弾左衛門とその制度を解説。被差別身分から脱したが、職業特権も失った維新期の十三代弾左衛門を詳説。

弾左衛門の謎

塩見鮮一郎

40922-1

江戸のエタ頭・浅草弾左衛門は、もと鎌倉稲村ヶ崎の由井家から出た。その故地を探ったり、歌舞伎の意休は弾左衛門をモデルにしていることをつきとめたり、様々な弾左衛門の謎に挑むフィールド調査の書。

貧民に墜ちた武士　乞胸という辻芸人

塩見鮮一郎

41239-9

徳川時代初期、戦国時代が終わって多くの武士が失職、辻芸人になった彼らは独自な被差別階級に墜ちた。その知られざる経緯と実態を初めて考察した画期的な書。

差別の近現代史

塩見鮮一郎

41761-5

人が人を差別するのはなぜか。どうしてこの現代にもなくならないのか。近代以降、欧米列強の支配を強く受けた、幕末以降の日本を中心に、50余のＱ＆Ａ方式でわかりやすく考えなおす。

異聞浪人記

滝口康彦

41768-4

命をかけて忠誠を誓っても最後は組織の犠牲となってしまう武士たちの悲哀を描いた士道小説傑作集。二度映画化されどちらもカンヌ映画祭に出品された表題作や「拝領妻始末」など代表作収録。解説＝白石一文

完全版　名君　保科正之

中村彰彦

41443-0

未曾有の災害で焦土と化した江戸を復興させた保科正之。彼が発揮した有事のリーダーシップ、膝元会津藩に遺した無私の精神、知足を旨とした暮し、武士の信念を、東日本大震災から五年の節目に振り返る。

赤穂義士 忠臣蔵の真相

三田村鳶魚

41053-1

美談が多いが、赤穂事件の実態はほんとのところどういうものだったのか、伝承、資料を綿密に調査分析し、義士たちの実像や、事件の顛末、庶民感情の事際を鮮やかに解き明かす。鳶魚翁の傑作。

幕末の動乱

松本清張

40983-2

徳川吉宗の幕政改革の失敗に始まる、幕末へ向かって激動する時代の構造変動の流れを深く探る書き下ろし、初めての文庫。清張生誕百年記念企画、坂本龍馬登場前夜を活写。

維新風雲回顧録　最後の志士が語る

田中光顕

41031-9

吉田東洋暗殺犯のひとり那須信吾の甥。土佐勤皇党に加盟の後脱藩、長州に依り、中岡慎太郎の陸援隊を引き継ぐ。国事に奔走し、高野山義挙に参加、維新の舞台裏をつぶさに語った一級史料。

熊本城を救った男 谷干城

嶋岡晨

41486-7

幕末土佐藩の志士・谷干城は、西南戦争で熊本鎮台司令長官として熊本城に籠城、薩軍の侵攻を見事に食い止めた。反骨・憂国のリベラリスト国士の今日性を描く。

五代友厚

織田作之助

41433-1

ＮＨＫ朝の連ドラ「あさが来た」のヒロインの縁故者、薩摩藩の異色の開明派志士の生涯を描くオダサク異色の歴史小説。後年を描く「大阪の指導者」も収録する決定版。

新選組全隊士徹底ガイド　424人のプロフィール

前田政紀

40708-1

新選組にはどんな人がいたのか。大幹部、十人の組長、監察、勘定方、伍長、そして判明するすべての平隊士まで、動乱の時代、王城の都の治安維持につとめた彼らの素顔を追う。隊士たちの生き方・死に方。

坊っちゃん忍者幕末見聞録

奥泉光

41525-3

あの「坊っちゃん」が幕末に?!　霞流忍術を修行中の松吉は、攘夷思想に
かぶれた幼なじみの悪友・寅太郎に巻き込まれ京への旅に。そして龍馬や
新撰組ら志士たちと出会い……歴史ファンタジー小説の傑作。

秘文鞍馬経

山本周五郎

41636-6

信玄の秘宝を求めて、武田の遺臣、家康配下、さらにもう一組が三つ巴の
抗争を展開する道中物長篇。作者の出身地・甲州物の傑作。作者の理想像
が活躍する初文庫化。

安政三天狗

山本周五郎

41643-4

時は幕末。ある長州藩士は師・吉田松陰の密命を帯びて陸奥に旅発った。
当地での尊皇攘夷運動を組織する中で、また別の重要な目的が!　時代伝
奇長篇、初の文庫化。

現代語訳 義経記

高木卓〔訳〕

40727-2

源義経の生涯を描いた室町時代の軍記物語を、独文学者にして芥川賞を辞
退した作家・高木卓の名訳で読む。武人の義経ではなく、落武者として平
泉で落命する判官説話が軸になった特異な作品。

妖櫻記 上

皆川博子

41554-3

時は室町。嘉吉の乱を発端に、南朝皇統の少年、赤松家の姫、活傀儡に異
形ら、死者生者が入り乱れ織り成す傑作長篇伝奇小説、復活!

妖櫻記 下

皆川博子

41555-0

阿麻丸と桜姫は京に近江に流転し、玉琴の遺児清玄は桜姫の髑髏を求める
中、後南朝の二人の宮と玉璽をめぐって吉野に火の手が上がる……!　応
仁の乱前夜を舞台に当代きっての語り手が紡ぐ一大伝奇、完結篇

河出文庫

笊ノ目万兵衛門外へ

山田風太郎　縄田一男〔編〕　　　41757-8

「十年に一度の傑作」と縄田一男氏が絶賛する壮絶な表題作をはじめ、「明智太閤」、「姫君何処におらすか」、「南無殺生三万人」など全く古びることがない、名作だけを選んだ驚嘆の大傑作選！

柳生十兵衛死す　上

山田風太郎　　　41762-2

天下無敵の剣豪・柳生十兵衛が斬殺された！　一体誰が彼を殺し得たのか？　江戸慶安と室町を舞台に二人の柳生十兵衛の活躍と最期を描く、幽玄にして驚天動地の一大伝奇。山田風太郎傑作選・室町篇第一弾！

柳生十兵衛死す　下

山田風太郎　　　41763-9

能の秘曲「世阿弥」にのって時空を越え、二人の柳生十兵衛は後水尾法皇と足利義満の陰謀に立ち向かう！『魔界転生』『柳生忍法帖』に続く十兵衛三部作の最終作、そして山田風太郎最後の長篇、ここに完結！

婆沙羅／室町少年倶楽部

山田風太郎　　　41770-7

百鬼夜行の南北朝動乱を婆沙羅に生き抜いた佐々木道誉、数奇な運命を辿ったクジ引き将軍義教、奇々怪々に変貌を遂げる将軍義政と花の御所に集う面々。鬼才・風太郎が描く、綺羅と狂気の室町伝奇集。

現代語訳 南総里見八犬伝　上

曲亭馬琴　白井喬二〔現代語訳〕　　　40709-8

わが国の伝奇小説中の「白眉」と称される江戸読本の代表作を、やはり伝奇小説家として名高い白井喬二が最も読みやすい名訳で忠実に再現した名著。長大な原文でしか入手できない名作を読める上下巻。

現代語訳 南総里見八犬伝　下

曲亭馬琴　白井喬二〔現代語訳〕　　　40710-4

全九集九十八巻、百六冊に及び、二十八年をかけて完成された日本文学史上稀に見る長篇にして、わが国最大の伝奇小説を、白井喬二が雄渾華麗な和漢混淆の原文を生かしつつ分かりやすくまとめた名抄訳。

著訳者名の後の数字はISBNコードです。頭に「978-4-309」を付け、お近くの書店にてご注文下さい。